教育部哲学社会科学研究重大课题攻关项目"我国教师职业心理健康标准及测评体系研究"（11JZD044）成果集成

追寻幸福
中小学教师职业心理健康

黄 杰 著

陕西师范大学出版总社

图书代号　　ZZ23N1947

图书在版编目(CIP)数据

追寻幸福：中小学教师职业心理健康 / 黄杰著. —
西安:陕西师范大学出版总社有限公司,2023.11
　　ISBN 978-7-5695-3970-7

　　Ⅰ.①追…　Ⅱ.①黄…　Ⅲ.①中小学—教师心理学—
研究　Ⅳ.①G443

　　中国国家版本馆 CIP 数据核字(2023)第 209722 号

追寻幸福：中小学教师职业心理健康
黄　杰　著

特约编辑	张　曦
责任编辑	屈瑞新
责任校对	杨雪玲
封面设计	金定华
出版发行	陕西师范大学出版总社
	(西安市长安南路 199 号　邮编 710062)
网　　址	http://www.snupg.com
印　　刷	西安报业传媒集团
开　　本	787 mm×1092 mm　1/16
印　　张	9.25
字　　数	202 千
版　　次	2023 年 11 月第 1 版
印　　次	2023 年 11 月第 1 次印刷
书　　号	ISBN 978-7-5695-3970-7
定　　价	59.00 元

总　序

在第 39 个教师节到来之际，习近平总书记致信全国优秀教师代表，强调要大力弘扬教育家精神，为强国建设、民族复兴伟业做出新的更大贡献，并首次提出、深刻阐释了中国特有的教育家精神的时代内涵，即"心有大我、至诚报国的理想信念，言为士则、行为世范的道德情操，启智润心、因材施教的育人智慧，勤学笃行、求是创新的躬耕态度，乐教爱生、甘于奉献的仁爱之心，胸怀天下、以文化人的弘道追求"。这一阐释，既是对教师的关心与重视，也是对教师的指引与要求。

教师是立教之本、兴教之源，是教育发展的第一资源。在这个快速发展的时代，教育的重要性日益凸显，教师作为教育的主体，其心理健康问题也日益受到关注。教师职业心理健康不仅关系到教师个人的职业幸福感和获得感，更关系到学生的成长和发展，影响国家的教育质量和人才培养。教师自身自尊自信、心态阳光，才能培育出德才兼备、能担当民族复兴重任的学生。落实立德树人根本任务的重要途径和重要抓手在于维护教师职业心理健康。习近平总书记在党的二十大报告中强调，要重视心理健康和精神卫生。2023 年 10 月 10日，国家卫生健康委员会将第 32 个"世界精神卫生日"的宣传主题确定为"促进儿童心理健康 共同守护美好未来"，呼吁全社会共同关注儿童青少年心理健康，增进健康福祉。加强学生心理健康工作已经上升为一个国家战略。学生心理健康工作与教师息息相关，教师职业心理健康不仅影响着教师能否完成传播知识、传播思想、传播真理的历史使命，更决定着其能否担当塑造灵魂、塑造生命、塑造人的时代重任，能否有效落实立德树人的根本任务。长期以来，有关心理健康的研究多基于西方理论和工具，并以关注症状为主，学校心理健康工作主要关注学生的异常心理状态，教师队伍建设缺乏对教师价值观、使命感等"育人"所必需品质的考核评价体系，也缺少有效的师德养成及提升措施。为了解决上述制约新时代我国高质量教育体系建设中存在的重大理论与现实问题，教育部哲学社会科学研究重大课题攻关项目"我国教师职业心理健康标准及测评体系研究"（11JZD044）获批立项，经过12年的研究和积累，相关的理论与实证研究成果集成了本套丛书。

本套丛书共10册，所涉及的主题有中国社会文化背景下的心理健康理论建构、教师职业心理健康评价、卓越教师行为理论与实证、教师职业情绪与情感、教师职业幸福感、教师职业人格与职业道德、教师品格、教师职业心理健康促进、教师职业心理适应、中小学教师职业心理健康。研究将马克思主义基本原理同中国具体实际相结合，同中华优秀传统文化相结合，打造了具有中国风格的教师职业心理健康理论，确立了教师职业心理健康评价体系，丰富了当代中国心理学的理论体系。通过理论和实证研究，从教育情境中的师生互动模型及相互影响出发研究教师职业心理健康，系统揭示了教师职业心理健康对教育教学行为及学生心理健康和行为产生作用的内在机制问题。

在本套丛书的编写过程中，我们得到了全国各地教育学家、心理学家、教育行政管理人员以及一线教师的大力支持。希望本套丛书的出版能够对有关政策的制定、教师教育工作的开展及基础教育的发展做出贡献，也希望本套丛书能够成为教师在职业发展过程中的良师益友，助推教师弘扬教育家精神，践行为党育人、为国育才的初心使命。

最后，我们要感谢为本套丛书付出辛勤努力的审稿、编辑、设计等工作人员，是他们的辛勤付出使得本套丛书能够面世。我们相信，在广大教育工作者的共同努力下，我们的教育事业必将更加繁荣昌盛。

游旭群

2023 年 10 月

Contents 目录

第一章 绪论

教师心理健康对教师、学生乃至整个国家和民族的重要意义不言而喻。对于教师来讲,教师心理健康是他们从事教育教学工作、创造美好幸福生活的前提;对于学生来讲,教师肩负着传承文化、塑造灵魂的职责,教师心理健康是学生身心健康发展的保障;对于国家和民族来讲,百年大计,教育为本,教育大计,教师为本,教师心理健康是国家强盛、民族兴旺的基石。本章首先梳理心理健康的一般标准,在此基础上提出教师职业心理健康的定义及其理论模型。

一、心理健康概述

健康与幸福一直是人类孜孜不倦的追求。什么是心理健康呢?关于心理健康的标准学术界至今尚未达成统一的认识。根据心理测量学的观点,对某事物的测量首先必须要明确该事物是什么,即该事物的实质和能够体现其实质的外部表现。不同历史时期、不同文化背景、不同学派的学者对心理健康进行了界定和阐释,但是由于各自的立场差异,其分歧也是显而易见的。总体来看,关于心理健康的标准主要包括以下七种(程海云等,2012;叶一舵,2001):

① 以是否处于常态分布曲线某一范围为标准;
② 以是否合乎社会规范为标准;
③ 以是否适应社会生活为标准;
④ 以是否存在临床症状为标准;
⑤ 以个人主观经验或感受为标准;
⑥ 以身心发展水平与同龄人的差异为标准;
⑦ 以心理机能是否得到充分发挥为标准。

显而易见,每种标准都存在明显的优点和局限性,目前以某种单一标准来评价个体心理健康的观点已经为大部分学者否定。比如,统计学的标准根据

"众数原则"，假设大多数社会成员的心理和行为都是正常的，因此偏离社会大众的心理和行为则被视为异常，偏离程度越大，心理和行为的异常程度也越大。但是，如果社会主流本身就是异常的，那么结果就会出现多数人心理不健全的情况，这种情况下的"异常"心理和行为反而可能是心理健康的表现（俞国良等，2010）。又比如社会适应，并非所有的社会适应性心理和行为都是正常的，试想一个人逢人说人话，逢鬼说鬼话，上下讨好，左右逢源，这种"有教养的市侩"的心理和行为可能在某种社会情境下产生较好的社会适应，但是这与我们普通大众对心理健康的期望显然是背道而驰的（刘华山，2001）。因此，心理健康的标准问题仍然是当前心理健康理论研究和教育干预亟待回答的问题。

综合以往观点，世界卫生组织（WHO）认为，"心理健康不仅指没有心理疾病或变态，个体社会生活适应良好，还指人格的完善和心理潜能的充分发挥，亦即在一定的客观条件下将个人心境发挥成最佳状态"。WHO关于心理健康的定义有两层含义：第一层含义是基于"生物—心理—社会—医学"模式，关注个体是否罹患心理疾病，是否社会适应良好，它将心理健康和心理疾病看成一维两极的潜在统一体，心理疾病与心理健康处在这个连续体的两端；第二层含义是基于积极心理学的思想，认为心理健康并不是心理疾病的匿迹，而是人的积极品质的提升和凸显，充分发挥人的潜能和创造性，培养美好的品德，塑造完善的个性（孟维杰等，2012）。根据WHO对心理健康的定义，个体只有在生理功能、心理功能、社会功能都达到完美状态时才可以称之为心理健康，因此从这一点来看，也就不存在绝对意义上的心理健康。

马斯洛提出的心理健康十条标准被认为是经典的心理健康标准，包括：

第一，有足够的自我安全感；

第二，能充分地了解自己，并能对自己的能力做出适度的评价；

第三，生活理想切合实际；

第四，不脱离周围现实环境；

第五，能保持人格的完整与和谐；

第六，善于从经验中学习；

第七，能保持良好的人际关系；

第八，能适度地发泄情绪和控制情绪；

第九，在符合集体要求的前提下，能有限地发挥个性；

第十，在不违背社会规范的前提下，能恰当地满足个人的基本要求。

虽然以往研究者普遍认为有必要采取多元标准来评价心理健康，但是他们大多采取病理心理学的思想,依据个体是否表现出某些症状或这些症状的严重程度来评价其心理健康状态。心理健康的评价工具主要包括两类。第一类是综合性评价工具,如症状自评量表(SCL-90)、自测健康评定量表(SRHMS)等,这类量表测量从情感、思维、行为直至生活习惯、人际关系、饮食睡眠等广泛的精神疾病症状,它们能够快速准确地刻画被试自我知觉的症状,可以作为一般心理健康的评价指标。SCL-90 是目前使用最为广泛的精神障碍和心理疾病诊断量表,国内 90% 左右的心理健康研究均采用 SCL-90 进行测量(张积家等,2008)。该量表包含 90 道自评题目,用于评价 16 岁及以上的个体在躯体化、强迫症状、人际关系敏感、抑郁、焦虑、敌对、恐怖、偏执、精神病性等九个因子是否存在某种症状及这些症状的严重程度如何。SRHMS 由生理健康、心理健康和社会健康三个子量表组成,可用于 14 岁及以上各类人群的健康状况评价。第二类是抑郁、焦虑等单一症状量表,如抑郁自评量表(SDS)、焦虑自评量表(SAS)等,这些量表大多用于判断个体是否罹患某种特定的心理疾病或情绪障碍,但是无法从诸如社会活动范围、生活满意感、自尊、社会支持、主观幸福感等积极角度对心理健康进行全面、整体的评估,因此难以全面反映个体心理健康的真实水平。近年来,人工智能的广泛应用促进了智能化心理健康测评的发展,研究者利用社交媒体数据、智能设备数据、电子游戏数据、可穿戴设备数据开展智能化心理健康测评,从海量在线行为数据中挖掘个体心理特征或行为模式,从而实现对心理健康的预测(姜力铭等,2022)。

二、积极心理学概述

积极心理学(positive psychology)最早出现于 1954 年著名的人本主义心理学家马斯洛所著的《动机与人格》(*Motivation and Personality*),该书最后一章"走向积极的心理学"(Toward a Positive Psychology)提出从积极的角度看待以往心理学研究。但是,直到 1998 年塞利格曼(Seligman)明确提出将建立积极心理学作为自己任职美国心理学会(APA)主席的主要任务时,积极心理学作为一门学科才逐渐受到研究者的关注。积极心理学将心理学的研究内容从病态心理研究和治疗扩展到研究人类的幸福和美德,其主要目的是通过科学的方法帮助个体、群体和组织获得幸福。因此,积极心理学认为心理健康并不仅仅是消除或摆脱各种心理困扰,心理健康还意味着积极力量或积极品质的产生与增加(李金珍等,2003;任俊等,2005)。

在积极心理学成立之初,塞利格曼邀请了当时心理学界最负盛名的几位学者到墨西哥尤卡坦半岛共商积极心理学未来的发展方向,最终确定了三大研究主题,分别为积极情感体验、积极人格及积极的社会组织系统。

积极心理学的第一大研究主题是积极情感体验,由伊利诺伊大学 Ed Diener 组织心理学家探讨人类对待过去、现在和未来的积极情感体验的特征及其产生机制。积极心理学将促进人类的积极情绪情感体验、提高其幸福感作为积极心理学的核心研究目标(Seligman,2018)。塞利格曼认为,幸福包括三种生活体验,即愉快的生活、充实的生活和有意义的生活(曹新美等,2008;Seligman et al.,2006)。愉快的生活是指人们对过去、现在、未来生活的积极情感体验,其中对过去生活的积极情感体验包括满意、知足、自豪、平静等;对现在生活的积极情感体验包括直接来自愉快的满意感;对未来生活的积极情感体验包括希望、乐观、真实、信心等。充实的生活指人们在工作、亲密关系、休闲生活的投入,它往往伴随着强烈的心流体验,感觉时间飞逝而过,完全沉醉在活动中而忘记了自我和周遭环境。有意义的生活是指人们跳出小我的圈子,运用个人的力量和才能从事有意义的事业,服务于家庭、群体、国家和社会。

Keyes 等(2002)将"完全的心理健康"定义成高水平的情绪幸福感、心理幸福感和社会幸福感的整合,且最近没有心理疾病。这三种幸福感的内涵如表1-1所示。

表1-1 幸福感的三要素

幸福感要素		含义
心理幸福感	自我接纳	对自我持积极的态度 承认并接纳自我的多面性 积极地看待自己过去的生活
	个人成长	持续的发展和潜能,对新经验持积极的态度 感到越来越有知识和有效率
	人生目标	在生活中有目标、有方向 认为自己过去的生活是有意义的 认为自己所持的信念给予我人生目标
	环境掌控	有能力管理复杂的环境 有能力选择或创建适合自己的环境

续表

幸福感要素		含义
心理幸福感	自主	自我决定、独立、自律 抵抗要求以特定方式思考和行动的社会压力 根据自己的标准来评价自己
	与他人的积极关系	拥有温暖的、满意的、信任的关系 关心他人福祉 对他人具有同理心 理解人际关系的互惠性
社会幸福感	社会接纳	对他人持积极的态度 承认、接纳他人，即使他们有时并非如你所愿
	社会实现	相信社会正在朝着积极的方向前进 相信社会有积极进步的潜能 相信社会正在实现潜能
	社会贡献	感觉自己可以为社会提供价值 相信社会重视他们的日常活动
	社会一致	认为社会是可理解的、有逻辑的、可预测的 关心社会和环境
	社会整合	感觉自己是社会的一部分 感觉自己受社会支持并共享社会特征
情绪幸福感	积极情感	体验到对生活的热情、喜悦和幸福
	消极情感	没有征兆表明生活不如意、不愉快
	生活满意	欲望与取得成就的要求之间的差距较小，因而感到满足、平静和满意
	幸福	拥有普遍的快乐、满足、高兴的情感体验

积极心理学的第二大研究主题是积极人格，由"心流"之父、克莱蒙研究大学 Mihaly Csikszentmihalyi 组织心理学家探讨人类的积极人格和美德。塞利格曼等在世界范围内进行跨文化研究，发现不同文化中的人类都共同拥有六大美

德24项性格优势(刘美玲等,2018),分别为智慧(包括创造力、好奇心、开明、好学、洞察力)、勇气(包括勇敢、坚韧、正直、活力)、仁慈(包括爱、善良、社交智慧)、正义(包括公民性、公正、领导力)、克制(包括宽容、谦逊、审慎、自我控制),以及超越(包括欣赏、感恩、希望、幽默、信仰),每种美德和性格优势的具体含义如表1-2。积极心理学就是要研究如何让人类发现和建设这些美德和性格优势,并学会运用这些积极的力量去预防和治愈人类的心理疾病,让人类生活得更美好、更有价值。

表1-2 美德和性格优势的含义

分类		含义
智慧——获取和使用知识的认知优势	创造力	创造新思想和新事物的能力
	好奇心	对新事物有浓厚的兴趣,乐于探索和发现
	开明	从不同角度思考问题,不轻易下结论
	好学	愿意学习新的知识和技能
	洞察力	能够为他人提供明智的建议
勇气——面临内外反对时达成目标的意志	勇敢	不畏威胁、挑战、困难或痛楚
	坚韧	做事有始有终,面对困难也不退缩
	正直	说实话、真实地展现自己
	活力	充满激情和能量
仁慈——关心帮助他人的人际优势	爱	珍惜与他人的亲密关系,相互关爱
	善良	愿意帮助他人、照顾他人
	社交智慧	了解自己和他人的动机和感受
正义——构建健康集体生活的公民优势	公民性	忠于集体或团队,认真工作
	公正	依据公平和公正的观念对所有人一视同仁
	领导力	促进集体中的每个人完成任务,善于维持良好的集体关系
克制——避免过度	宽容	宽恕做错事的人,接受他人的缺点
	谦逊	不自夸、不自大
	审慎	谨慎抉择,不过分冒险
	自我控制	规范自己的感受和行为

分类		含义
超越——建立与外部世界的联系和提供意义	欣赏	欣赏美丽、卓越的事物
	感恩	留意身边发生的好事情并为此表达谢意
	希望	对未来抱有最好的期望并努力实现这种期望
	幽默	喜欢笑，喜欢逗乐，给别人带来欢乐
	信仰	对更高追求、生活意义以及宇宙意义有信仰

积极心理学的第三大研究主题是积极的社会环境系统，由宾夕法尼亚大学 Jamieson 教授负责。积极心理学认为，人和环境之间是相互影响、相互制约的，个体的积极情感体验和积极品质是在他们所生活的环境中形成的，同时也受环境的影响，两者之间具有密不可分的关系。该主题主要研究以下三个方面：一是促进个体形成积极情感体验和人格的家庭、学校、社会等组织的运作方式；二是积极的社会制度，比如如何建立民主的社会制度、健全的家庭功能以及积极和谐的社会团体，从而为个体积极心理的培养和发展提供良好的环境和资源；三是积极的社会组织。从宏观到微观，积极心理学将积极组织系统分成三类：第一类是社会组织系统，如国家法律、政治、经济制度等，这是个体积极心理和潜能得以实现的前提条件；第二类是社区组织系统，主要是指个体的生活环境，如学生所处的校园、员工所处的公司、居民所处的小区等，它们对个体积极人格产生显著的直接影响；第三类是家庭组织系统，如夫妻关系、亲子关系等，这是影响个体主观幸福感最直接的因素。

因此，积极心理学以主观幸福感为中心，以积极情感体验、积极人格、积极社会环境系统为支撑形成了一套完整的理论体系，如图 1-1 所示，并形成了许多极具特色的研究方向。比如，在积极情感体验领域，研究者探讨了主观幸福感、心流、积极情感的拓展和建构；在积极人格领域，研究者提出美德和性格优势的分类系统，为积极品格的测量提供了依据；在积极社会环境系统领域，研究者围绕影响主观幸福感的家庭、学校、社会环境展开大量研究。积极心理学思想对心理学、教育学、管理学、社会学等学科产生了广泛而深远的影响。

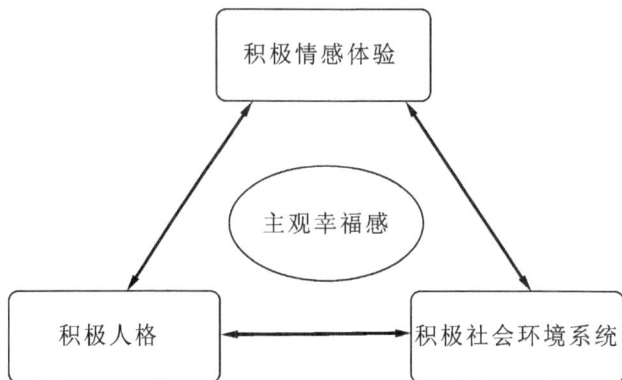

图 1 - 1　积极心理学的理论框架

从积极心理学的角度出发，俞国良（2022）重新诠释了幸福感与心理健康之间的关系，他认为幸福感是心理健康的本质特征，是心理健康的价值取向或价值追求，这是因为心理健康不仅仅是主观上的积极情绪情感体验，也是自我实现、潜能开发、幸福感提升的过程，因此从心理健康到获得幸福感的发展过程本身就是一场生命本质力量的精神突围；而心理健康则是幸福感的重要载体和媒介，心理健康应该是幸福感的副产品。心理健康与幸福感之间相互促进，追求幸福感使人们更加重视心理健康，而维护与促进心理健康使幸福感的实现成为可能。

三、教师职业心理健康概述

教师心理健康一直是职业健康心理学关注的热点话题。作为社会群体的一份子，衡量一般个体心理健康的标准当然也适用于衡量教师的心理健康。但是教师职业有其特殊的文化属性和社会属性，决定了从事这一职业的个体需要具备某些特殊的心理品质，包括感知、注意、记忆、思维在内的认知品质，情绪识别、表达、调节、控制在内的情感品质，以身作则、率先垂范、为人师表在内的人格品质，等等。因此，教师心理健康的标准，既要从社会大众的角度出发，包含心理健康标准的共性，又要从教师的职业要求和社会期望的角度出发来审视教师的心理健康问题，体现教师职业的特殊性（姚本先，2003）。

1. 教师职业心理健康的标准

林崇德（1999）认为，教师心理健康是指"教师在深刻理解和认识教师职业角色的基础上，根据社会期望和自身实际状况不断地调整自己的心理和行为，使其能够适应教师角色的要求，并不断促进角色向积极方向发展的状态"。

俞国良等(2010)认为,教师心理健康素质是由知、情、意、行构成的统一整体,并从工作、人际、自我、教育、情绪五个方面提出了教师心理健康的评价标准。在工作方面,心理健康的教师对教师角色具有高度的认同感,积极投身教育事业,并从教书育人中获得成就和满足;在人际方面,心理健康的教师能够与学生、同事、家长等发展并维持良好和谐的人际关系;在自我方面,心理健康的教师具有正确的、积极的自我认知、自我体验和自我控制,能够平衡自我与现实、理想与现实之间的冲突和矛盾;在教育方面,心理健康的教师具有较高的教育独创性,在教育教学活动中能够不断学习、不断进步、不断创造;在情绪方面,心理健康的教师无论是在教育教学活动中还是在日常生活中都能够真实地感受情绪并恰当地控制和表达情绪。

骆伯巍(1996)认为,心理健康的教师必须符合以下五个标准:其一是广泛的兴趣,能够真正投入对自己有意义的教育教学工作;其二是融洽的人际关系,能够与他人维持和谐的人际交往;其三是健康的情绪体验,情绪乐观稳定,情感高尚;其四是积极的进取精神,具有较高的自信心并勇于接受挑战;其五是稳定的工作热情,能够把自己全部身心都投入工作与学习。总之,心理健康的教师外部环境适应非常良好。

边玉芳等(2003)探讨了教师心理健康的内隐标准,发现中小学教师认为心理健康的教师应该具有良好的道德品质(包括奉献、道德品质、诚实守信、有爱心等)、人际关系(包括开朗乐观、宽容随和、人际关系良好等)、责任感(包括责任心、客观公正等)、自我效能和情绪(包括适应能力、自我调节能力、自信心、客观自我评价、冷静理智、坚毅、情绪稳定等)、创造力(包括想象力、创造力、风趣幽默、爱好广泛等)、工作态度和素质(包括积极进取、敬业爱岗、认真踏实等)六方面的特征。

国内学者对教师心理健康的看法虽然存在诸多分歧,但是也存在许多共通之处。教师职业具有特殊的职业使命,人们对教师角色有过许多非常形象的比喻,例如把教师比喻成默默耕耘的园丁、燃烧自己照亮别人的蜡烛、人类灵魂的工程师等。教师职业的特殊使命和职责,决定了教师的心理健康水平应当达到、甚至超过社会公认的心理健康标准,教师心理健康内涵应该充分体现教师的职业特征。如果我们将身心疾病匿迹看成是低层级的心理健康的话,教师心理健康的标准则应该遵循更高层级的标准,要有更高尚的、更积极的目标追求(刘华山,2001)。因此,教师心理健康作为教师心理素质的重要反映,应当包括教师的心理过程、个性特征以及与其职业特征有关的所有心理要素(俞国良等,2001)。

2. 教师职业心理健康的理论模型

随着积极心理学的逐渐兴起，心理学家开始思考如何激发人的积极力量，帮助人们走向幸福。结合积极心理学的发展趋势，教师职业心理健康应该聚焦于能够提升教师个人素质与生活品质的积极心理特征。基于此，"我国教师职业心理健康标准及测评体系研究"课题组从职业道德、职业情绪、职业能力、职业适应四个方面将教师职业心理健康定义成"热爱教育活动，理解教育规律，具有强烈的使命感、正义感、责任心和奉献精神；情绪稳定、行为协调，积极融入社会发展，主动与其他群体交流，人际关系和谐，能动地适应和影响环境；在学习与创新中释放潜能，能采取有效的心理和行为策略，积极应对职业变化，促进职业发展；通过扎实学识和仁爱之心引导学生树立正确的价值观，在卓有成效的工作中体验到人生价值的愉悦状态"（李瑛，2018；杨睿娟等，2019；游旭群等，2017）。

我们通过政策分析、文献分析、结构化访谈、问卷调查等方法，基于扎根理论探索并构建了中国文化和教育情境下的教师职业心理健康模型，如图1－2所示。该模型采取洋葱模型的形式把教师职业心理健康的核心要素概括为四

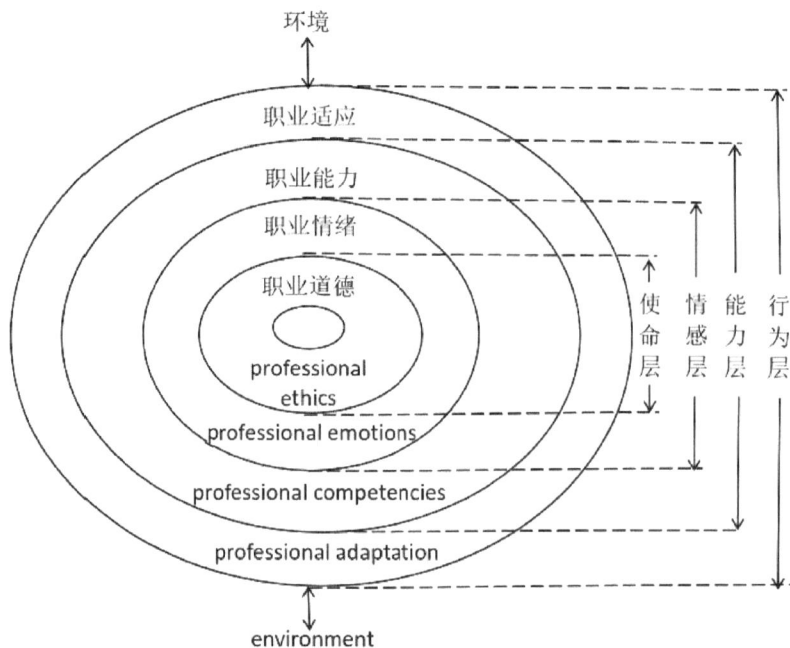

图1－2 教师职业心理健康的理论模型

层,最核心的是职业道德,然后由内向外依次为职业情绪、职业能力、职业适应。越向外层,越易于改变和发展;而越向内层,则越难以改变和发展,但是对教师职业心理健康的决定作用也越大。职业道德是教师心理健康的核心成分,属于使命层的心理特征。Korthagen(2004)在教师特质的洋葱模型中也将教师使命作为最核心、最深层的成分;职业情绪是教师在职业生涯发展过程中感受到教书育人使命的召唤而产生的情绪情感,属于情感层的心理特征;职业能力是教师具备的知识、技能等,属于能力层的心理特征;职业适应是教师在职业发展过程中与环境互动,将能力付诸实践的行为导向,属于行为层的心理特征。

（1）职业道德

职业道德是教师职业心理健康的内核,属于使命层的心理特征,包括职业使命、公平公正、责任意识、奉献精神等。教师的职业道德直接关系到亿万中小学生的健康成长,这是事关国家前途和民族未来的头等大事。师德是一个历久弥新的话题。战国时期的先贤就已经提出"师也者,教之以事而喻诸德者也。保也者,慎其身以辅翼之而归诸道者也",教师对学生的影响,离不开教师渊博的学识,更离不开教师明大德、守公德、严私德的道德情操。中国历代教育学家都特别重视"师范端严,学明德尊"的个人修养和道德境界,党和国家领导人也始终将师德建设摆在教师队伍建设的首要位置。2008年教育部发布的《中小学教师职业道德规范》明确规定,中小学教师必须要爱国守法、爱岗敬业、关爱学生、教书育人、为人师表、终身学习。2018年教育部发布的《新时代中小学教师职业行为十项准则》进一步规定,中小学教师必须坚定政治方向、自觉爱国守法、传播优秀文化、潜心教书育人、关心爱护学生、加强安全防范、坚持言行雅正、秉持公平诚信、坚守廉洁自律、规范从教行为。

心理层面的职业道德是一个比较复杂的概念,它是指"从事教育职业的人应当遵循的行为准则和必备品德的总和,是一般社会道德在教师职业中的特殊体现"（申继亮等,2006）。教师职业道德是道德认知、道德情感、道德意志、道德行为的综合,主要来源于教师内心职业使命的召唤,它使教师将教书育人的职业认知与自己的人生目标和人生意义紧密联系起来,从而使他们产生强烈的投身教育、服务社会的情感体验,践行教师职业使命（张春雨等,2015）。廖传景等（2014）对中小学教师职业使命感进行理论构建,发现中小学教师职业使命感由使命唤起、利他奉献、职责担当、职业坚守四个维度构成。综上所述,职业道德是教师职业心理健康的精神内核,是教师强大精神力量的源泉。

（2）职业情绪

教师职业情绪是情感层的心理特征，包括理解尊重、情绪稳定、持之以恒等。教师积极的、稳定的情绪情感体验不仅是顺利开展教育教学活动、提高教育教学成效的重要保障，也是促进学生身心发展，促进教师工作满意和生活幸福的重要保障（张大均等，2005）。教育教学是教师与学生共同参与的活动，教师是其中主要的设计者与实施者，教师情绪密切参与教学组织、课堂管理、学生评价及归因、人际关系构建及维护等教书育人的方方面面，对学生起重要的潜移默化作用（皮连生，2006）。毋庸置疑，教师只有具备积极快乐的情绪，才能顺利地组织实施教育教学活动，从而确保良好的教育教学效果。教育教学蕴含着教师高强度的情绪劳动（Theresa et al.，2004），他们需要根据不同的情境表达出符合情境期望的情绪，就像戏剧大师斯坦尼斯拉夫斯基要求演员"应当把自己个人的一切不快和痛苦留在剧院之外"，教师在某种意义上也要像演员一样，控制自己的情绪并表达出情境所需的高度旺盛的积极情绪，从而创设出有利于学生学习和成长的愉悦、接纳、民主的情绪气氛，使学生"亲其师，信其道"，这是教师应该具备的优秀品质之一。因此，教师情绪表达、调节、控制在教师心理健康中占据重要地位。

（3）职业能力

教师知识技能结构的完善和教育教学能力的提高必须建立在一定的职业能力基础之上，教师职业能力属于能力层的心理特征，包括学习创新、主动性、价值引导、扎实学识等，这是影响教师教育教学质量好坏的关键性因素之一。以往大量研究探讨了教师职业能力的结构维度，并根据这些维度来区分优秀教师和一般教师的差异，比如教学监控能力、知识结构、教学效能感、课堂信息加工能力、情绪觉察和感染能力、课堂教学设计能力等（辛涛等，1998；俞国良等，1998；张学民等，2003；张奇勇等，2018；张景焕等，2004）。教师职业能力是教师完成教育教学活动所必须具备的个性心理特征，教师通过教学实践将个人能力和教学所需的知识、技能相结合而转化成职业素质。孟迎芳等（2004）比较了专家教师、熟手教师、新手教师课前策略（包括计划、准备等）、课中策略（包括管理、动机、方法、指导等）、课后策略（包括评估、反思、补救等），认为"从新手型教师到熟手型教师主要是一个教学程序熟练化的过程，而从熟手型教师到专家型教师则主要是一个不断反思的过程"。教师职业能力越强，专业底蕴越深厚、文化知识越丰富，传道、授业、解惑的效果将越好，这将更有利于学生学业进步和身心发展，这些创造性劳动也是教师职业幸福的来源之一（王传金，2009）。

（4）职业适应

职业适应是属于行为层的心理特征，包括仁爱之心、细微见爱、团队合作、沟通协调等。职业适应是教师在职业生涯初期或转型阶段普遍面临的问题，教师需要不断地了解和熟悉新的工作要求，据此不断地调整自身知识结构和行为态度才能更好地胜任教学、科研、学生管理等教育教学工作。殷建华（2009）基于生命周期理论探讨了教师在不同职业阶段的适应性行为，认为教师在适应期要学会生存，在成长期要学会积累，在成熟期要学会创造，在高原期要学会突破，在超越期要学会幸福。Savickas（2005）提出的生涯建构理论认为，生涯适应力是个体应对外部挑战所必须具备的核心能力，个体职业发展的实质就是一个追求主观自我与外部世界相互适应的动态建构过程。个体在职业生涯的每个阶段要达到稳定的适应状态，他们首先在动机上需要具备适应意愿或准备状态，在能力上需要具备帮助自我调节的社会资源，在行为上需要通过特定应激反应或职业行为选择发挥作用，最终才能实现个体与环境互动整合的动态适应（关翩翩等，2015）。在变化迅速和充满不确定性的当今时代，中小学教师面临着各种各样的职业适应问题，包括维持课堂纪律，调动学生动机，创新教学模式，公正评价学生，处理家校沟通，解决学生纷争，组织班级活动，维护同事关系，获取资源支持，等等。因此，职业适应是教师心理健康中不可忽视的重要方面。

第二章 教师职业心理健康的现状

教师是立教之本、兴教之源,高质量的中小学教师队伍是高质量基础教育的根本保障。2018 年中共中央、国务院印发的《关于全面深化新时代教师队伍建设改革的意见》提出,"到 2035 年,教师综合素质、专业化水平和创新能力大幅提升,培养造就数以百万计的骨干教师、数以十万计的卓越教师、数以万计的教育家型教师"。2022 年教育部等八部门联合印发的《新时代基础教育强师计划》提出,"加快构建教师思想政治建设、师德师风建设、业务能力建设相互促进的教师队伍建设新格局"。在社会高速发展和教育改革如火如荼进行的时代背景下,教师职业心理健康成为教育管理者和研究者共同关注的话题。教师职业心理健康不仅关系到教师自身的成长发展和幸福生活,还关系到学生的学业成就和身心发展,更关系到国家教育发展的长远大计。本章的主要目的是摸清教师职业心理健康的现状,准确描摹教师真实生存状态的立体图景,在此基础上剖析问题、分析趋势、寻找对策,从而为提升教师职业心理健康提供支持。

一、一般教师职业心理健康状况

我们采取方便取样的方法在全国范围内选取中小学教师进行问卷调查。本次调查共获得 859 份有效问卷,其中小学教师和中学教师分别占 41% 和 59%;男性教师和女性教师分别占 28% 和 72%;本科及以下学历教师占 95%;初级、中级、高级职称教师分别占 52%、35% 和 13%;语数外教师和其他学科教师分别占 61% 和 39%。调查对象的人口统计学特征与国内中小学教师构成基本相符。

调查问卷主要由基本信息和教师职业心理健康两部分组成,其中教师职业心理健康包括职业道德、职业能力、职业情绪、职业适应四个维度,问卷条目根据游旭群等(2017)提出的教师职业心理健康理论模型编制而成,其中职业道德涵盖职业使命、责任意识、奉献精神等方面的题目;职业情绪涵盖理解尊重、情绪稳定等方面的题目;职业能力涵盖学习创新、学识等方面的题目;职业适应涵盖团队合作、沟通协调等方面的题目。

1.总体状况

中小学教师职业心理健康的描述性统计分析结果如表 2 - 1 所示。结果表明,中小学教师职业道德和职业能力水平较高,但是职业情绪和职业适应水平较低。独立样本 t 检验结果表明,小学教师和中学教师在职业道德($t = -1.45$, $p > 0.05$)、职业能力($t = -0.99, p > 0.05$)、职业情绪($t = -0.04, p > 0.05$)、职业适应($t = -0.79, p > 0.05$)四个维度的自我评价得分均不存在显著差异。

表 2 - 1 中小学教师职业心理健康的总体状况

维度	小学		中学		总体	
	M	SD	M	SD	M	SD
职业道德	3.43	0.49	3.48	0.49	3.46	0.49
职业情绪	3.00	0.51	3.00	0.46	3.00	0.48
职业能力	3.75	0.55	3.79	0.50	3.78	0.52
职业适应	2.61	0.44	2.63	0.46	2.62	0.45

中小学教师职业道德和职业能力水平较高,但是职业情绪和职业适应水平较低,这与其职业特征是高度吻合的。中小学教师承担着为党育人、为国育才的重任,因此他们必须具备高尚的道德情操和深厚的专业功底,德才兼备是教师的基本要求。比如,新修订的《教师法》明确规定,在资格和任用上教师必须"热爱教育事业,具有良好的思想品德"和"有教育教学能力",两者缺一不可,在考核上必须对教师"政治思想、业务水平、工作态度和工作成绩"进行考核。教育部等八部门印发的《新时代基础教育强师计划》也强调,"以提升教师思想政治素质、师德师风水平和教育教学能力为重点"。教师职业情绪和职业适应水平较低可能是因为我国基础教育近年来不断地改革创新,因此要求教师也要不断地更新教育理念,转变育人方式,提高育人水平,而教师由于长期处于单纯的、封闭的工作环境,适应外部变化的能力较差,因此可能产生适应不良等问题。

支持本研究结论的是,李敏等(2020)根据塞利格曼的六大美德 24 项性格优势对中小学教师的积极心理品质进行调查,发现教师品德得分都非常高(图2 -1),间接说明中小学教师具有良好的职业道德和职业能力。

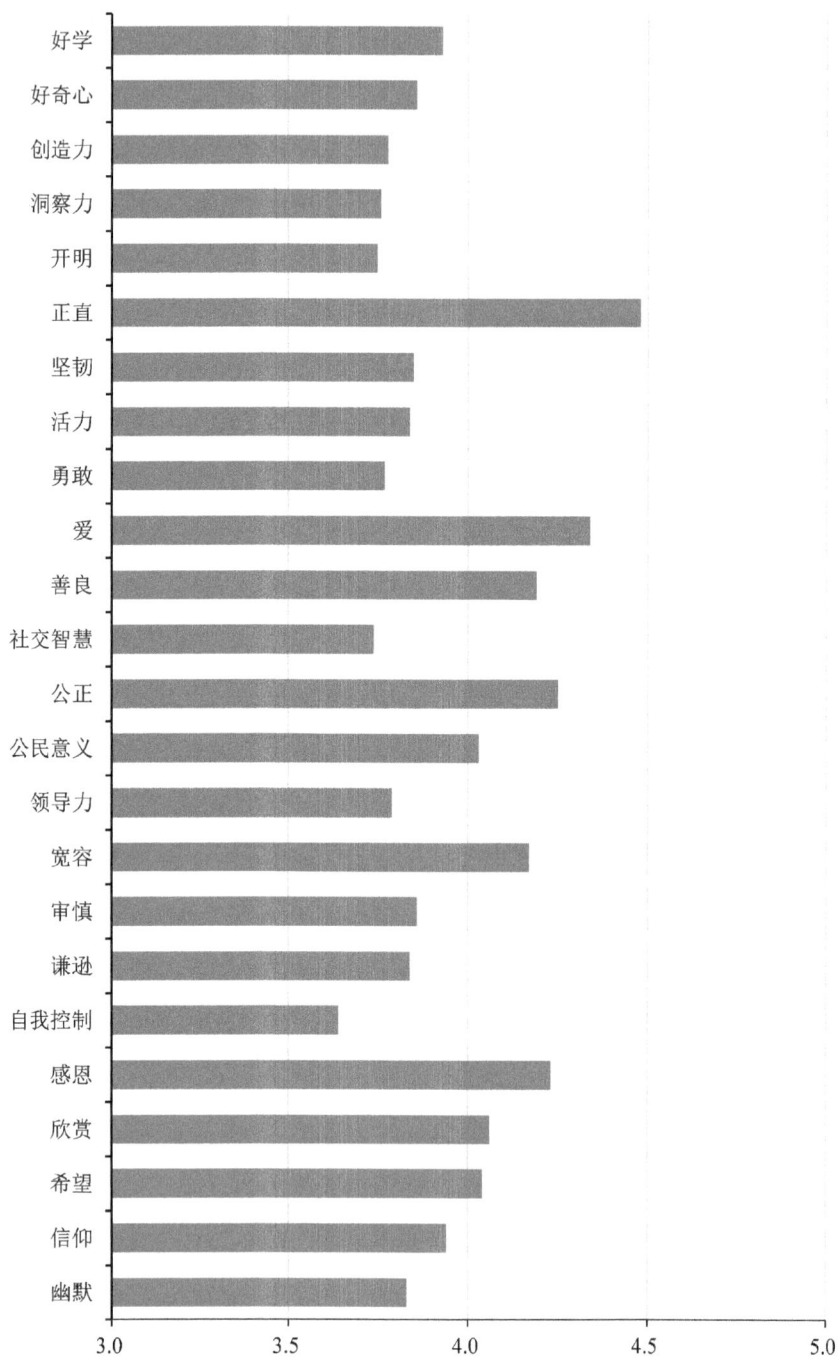

图 2-1 教师积极心理品质

2. 小学教师

我们比较了不同性别、年龄、学科、职称的小学教师在职业道德、职业能力、职业情绪以及职业适应四个方面是否存在差异。

表 2-2 结果表明，男性教师与女性教师在职业道德（$t=0.53, p>0.05$）和职业能力（$t=1.67, p>0.05$）两个方面不存在显著差异，但是男性教师职业情绪（$t=2.14, p<0.05$）和职业适应（$t=2.10, p<0.05$）显著高于女性教师。

表 2-2　小学教师职业心理健康的性别差异

维度	男性		女性		t
	M	SD	M	SD	
职业道德	3.45	0.71	3.41	0.38	0.53
职业能力	3.84	0.53	3.73	0.57	1.67
职业情绪	3.10	0.61	2.97	0.47	2.14*
职业适应	2.68	0.47	2.57	0.42	2.10*

注：*表示 $p<0.05$。

表 2-3 结果表明，≤30 岁教师和 >30 岁教师在职业道德（$t=1.13, p>0.05$）、职业能力（$t=-0.56, p>0.05$）、职业情绪（$t=-0.02, p>0.05$）、职业适应（$t=0.11, p>0.05$）四个方面的自我评价得分均不存在显著差异。

表 2-3　小学教师职业心理健康的年龄差异

维度	≤30 岁		>30 岁		t
	M	SD	M	SD	
职业道德	3.46	0.52	3.39	0.44	1.13
职业能力	3.75	0.57	3.78	0.49	-0.56
职业情绪	3.00	0.45	3.00	0.60	-0.02
职业适应	2.62	0.44	2.62	0.43	0.11

表 2-4 结果表明，语数外教师在职业道德（$t=2.86, p<0.01$）和职业能力（$t=1.96, p<0.05$）方面的自我评价得分显著高于其他学科教师，但是在职业情绪（$t=-0.04, p>0.05$）和职业适应（$t=1.22, p>0.05$）方面与其他学科教师不存在显著差异。

表2-4　小学教师职业心理健康的学科差异

维度	语数外		其他		t
	M	SD	M	SD	
职业道德	3.52	0.38	3.37	0.54	2.86**
职业能力	3.83	0.48	3.71	0.59	1.96*
职业情绪	2.99	0.54	3.01	0.49	-0.04
职业适应	2.65	0.46	2.59	0.43	1.22

注：* 表示 $p < 0.05$；** 表示 $p < 0.01$。

表2-5结果表明，初级职称教师职业能力显著低于中高级职称教师（$t = -3.48, p < 0.01$），但是两者在职业道德（$t = -1.65, p > 0.05$）、职业情绪（$t = -0.82, p > 0.05$）、职业适应（$t = -0.10, p > 0.05$）方面不存在显著差异。

表2-5　小学教师职业心理健康的职称差异

维度	初级		中高级		t
	M	SD	M	SD	
职业道德	3.41	0.42	3.50	0.61	-1.65
职业能力	3.70	0.55	3.92	0.43	-3.48**
职业情绪	2.99	0.54	3.04	0.41	-0.82
职业适应	2.62	0.44	2.62	0.44	-0.10

注：** 表示 $p < 0.01$。

综上所述，不同性别、年龄、学科、职称的小学教师在职业道德、职业能力、职业情绪以及职业适应等方面较为相似，只在某些方面存在显著差异。比如，男性教师职业情绪和职业适应得分高于女性教师，语数外教师职业道德和职业能力得分高于其他学科教师，中高级职称教师职业能力得分高于初级职称教师。

3. 中学教师

我们比较了不同性别、年龄、学科、职称的中学教师在职业道德、职业能力、职业情绪以及职业适应四个方面是否存在差异。

表2-6结果表明，男性教师与女性教师在职业道德（$t = -0.51, p > 0.05$）和职业能力（$t = 1.10, p > 0.05$）方面不存在显著差异，但是男性教师职业情绪（$t = 2.60, p < 0.05$）和职业适应（$t = 2.00, p < 0.05$）显著高于女性教师。

表2-6　中学教师职业心理健康的性别差异

维度	男性		女性		t
	M	SD	M	SD	
职业道德	3.46	0.48	3.48	0.50	-0.51
职业能力	3.83	0.56	3.77	0.47	1.10
职业情绪	3.09	0.50	2.97	0.44	2.60**
职业适应	2.69	0.52	2.60	0.43	2.00*

注：* 表示 $p < 0.05$；** 表示 $p < 0.01$。

表2-7结果表明，≤30 岁教师职业能力显著低于 >30 岁教师（$t = -2.63$，$p < 0.05$），但是两者在职业道德（$t = 1.19$，$p > 0.05$）、职业情绪（$t = 1.45$，$p > 0.05$）、职业适应（$t = -0.73$，$p > 0.05$）方面不存在显著差异。

表2-7　中学教师职业心理健康的年龄差异

维度	≤30 岁		>30 岁		t
	M	SD	M	SD	
职业道德	3.50	0.52	3.45	0.44	1.19
职业能力	3.71	0.53	3.83	0.48	-2.63**
职业情绪	3.02	0.47	2.96	0.44	1.45
职业适应	2.62	0.46	2.65	0.47	-0.73

注：** 表示 $p < 0.01$。

表2-8结果表明，语数外教师和其他学科教师在职业道德（$t = 0.19$，$p > 0.05$）、职业能力（$t = -0.87$，$p > 0.05$）、职业情绪（$t = -0.69$，$p > 0.05$）、职业适应（$t = 0.86$，$p > 0.05$）四个方面的自我评价均不存在显著差异。

表2-8　中学教师职业心理健康的学科差异

维度	语数外		其他		t
	M	SD	M	SD	
职业道德	3.48	0.52	3.48	0.47	0.19
职业能力	3.77	0.52	3.81	0.49	-0.87
职业情绪	2.99	0.50	3.02	0.43	-0.69
职业适应	2.66	0.45	2.62	0.47	0.86

表2-9结果表明,初级职称教师和中高级职称教师在职业道德($t = -0.76$, $p > 0.05$)、职业能力($t = -1.79, p > 0.05$)、职业情绪($t = -1.41, p > 0.05$)方面不存在显著差异,但是初级职称教师职业适应显著高于中高级职称教师($t = 1.98, p > 0.05$)。

表2-9　中学教师职业心理健康的职称差异

维度	初级		中高级		t
	M	SD	M	SD	
职业道德	3.47	0.57	3.50	0.31	-0.76
职业能力	3.76	0.51	3.84	0.47	-1.79
职业情绪	2.98	0.44	3.04	0.49	-1.41
职业适应	2.67	0.46	2.59	0.44	1.98*

注:*表示$p < 0.05$。

综上所述,不同性别、年龄、学科、职称的中学教师在职业道德、职业能力、职业情绪、职业适应等方面较为相似,只在某些方面存在显著差异。比如,男性教师职业情绪和职业适应高于女性教师,>30岁教师职业能力高于≤30岁教师,初级职称教师职业适应高于中高级职称教师。

二、特殊教师职业心理健康状况

1.农村教师

农村中小学教师是教师队伍中相对比较弱势的群体。改善农村中小学教师的生存状态,提高其职业心理健康和主观幸福感,事关基础教育教师队伍的稳定发展和基础教育质量的优质均衡。以往的研究发现,由于受自然条件等因素的限制,农村中小学教师的生存状态普遍令人担忧,主要体现在心理健康水平较低、职业压力较大、专业成长受限、精神生活贫乏等问题,提升农村中小学教师职业心理健康成为制约我国基础教育改革的重要问题(狄文婧,2008;王爽等,2021;唐松林等,2015;郑岚等,2017)。

本研究对湖南省农村中小学教师进行调查,了解农村中小学教师生存境遇和突出问题。我们采取分层抽样的方法,从湖南省全省14个地市州抽取农村教师进行调查。本研究剔除无效问卷后共获得872份有效问卷,其中男性教师和女性教师分别占22%和78%;初级、中级和高级职称教师分别占37%、38%和25%;20—30岁、30—40岁、40—50岁和50岁以上教师分别占57%、19%、

20%和4%；在编教师和临聘教师分别占93%和7%（黄杰，2018）。

本研究调查问卷主要由基本信息和生存状况两部分组成，其中生存状况包括心理健康（心理健康和工作倦怠）、生理健康（生理健康、体育锻炼和睡眠状况）、工作压力（工作压力、工作成就和离职意向）、社会地位（社会地位和职业认同）、社会关系（同事关系、师生关系、家庭关系）、精神生活等六个部分构成。为了尽可能广泛地了解农村教师在工作和生活中的生存状况，采用半结构化访谈对在职农村教师进行访谈，在此基础上收集问卷题目并归纳问卷结构。每道题目要求被试根据其主观感受进行评价，采取1—5点计分，另外还对部分农村教师进行了访谈，以便更深入地了解他们的内心体验。

（1）心理健康

图2－2表明，农村教师自我知觉心理健康状态良好，但是工作倦怠水平较高，社会适应较差。狄文婧（2008）针对农村教师心理健康状况的元分析结果表明，农村教师在躯体化、抑郁、焦虑、偏执、精神病性等因子的平均得分显著低于国内常模，表明其心理健康水平与国内普通民众相比相对偏低。李昌庆（2022）调查了滇西北地区农村教师对心理健康服务的需求，发现他们对心理健康服务需求强烈，在心理健康服务内容方面，农村教师特别关注与青少年心理健康、情绪情感调节管理、人际交流和沟通技巧等方面的心理健康服务，侧面反映出这些问题可能也是影响农村教师自身心理健康状况的重要因素。

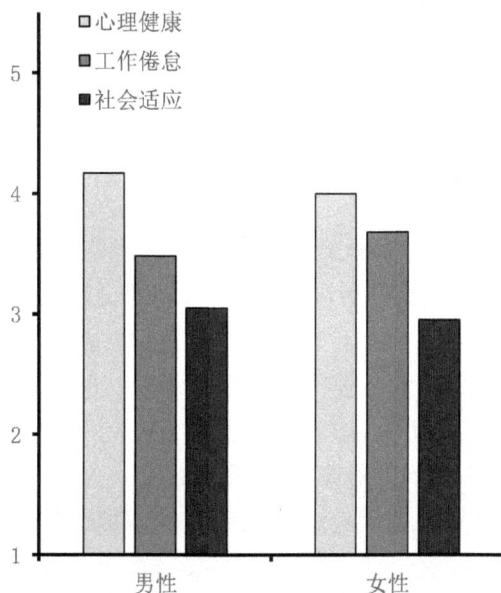

图2－2　农村教师心理健康状况

农村教师是工作倦怠的高发职业群体之一。刘贤敏等(2014)的元分析结果表明,中学教师比小学教师工作倦怠严重,男性教师比女性教师工作倦怠严重。但是本研究发现,男性农村教师工作倦怠低于女性农村教师。本研究访谈结果表明,农村教师自我感知在经济、社会、专业等方面处于行业劣势,这使他们在承受基本生存压力的同时,也为其职业生涯发展深感担忧,再加上农村学校一般地处偏僻地区,生活较为单调,因此其工作倦怠水平较高。廖传景等(2015)的研究结果同样表明,当前农村教师教学压力、工作本身压力和职业发展压力非常大,这些压力对工作倦怠的产生和发展具有显著的直接影响。

农村教师社会适应能力相对较差,这可能是因为农村教师是一个相对较为封闭的职业,与外界存在脱节的现象。本研究还发现,社会适应不存在显著的性别差异,即社会适应无论是对男性农村教师还是女性农村教师都可能是一个普遍存在的问题。

(2)生理健康

农村教师生理健康状况一般,自我报告的职业病的发生率依次为腰颈椎病(65%),咽喉炎(57%),不明原因的生理功能紊乱(35%),肠胃疾病(30%),等等。范红英等(2012)对惠州市教师群体八大系统(心血管系统、神经系统、呼吸系统、消化系统、泌尿系统、运动系统、内分泌系统、免疫系统)生理健康状况进行调查,发现69%的教师处于亚健康及前临床状态,而4.3%的教师已经处于疾病状态,其典型症状包括记忆力减退、失眠、咽炎、腰酸背痛、脾气急躁、抵抗力差。唐镠等(2011)的调查结果表明,教师职业心理紧张反应以及患肌肉骨骼、呼吸、精神、消化、皮肤系统疾病的风险显著高于对照组。

农村教师不注重体育锻炼,从不锻炼、每周运动1—2次、每周运动3—4次、每天运动的教师占比分别为30%、52%、12%、6%;锻炼方式也比较单一,最主要的锻炼方式是散步或跑步(64%),其次是乒乓球、羽毛球、篮球、足球等球类运动(28%),然后是太极拳、交谊舞、广场舞等动作类运动(8%)。

农村教师一日三餐总体上比较规律。调查结果表明,非常有规律、比较有规律、一般、不太规律、非常不规律的占比分别为19%、42%、25%、13%、1%。对一日三餐不规律的教师进一步调查的结果表明,其中80%的教师反映由于工作繁忙或离家较远,午餐时间有限,只能草草对付。

农村教师睡眠质量总体一般。在睡眠时间上,10点以前就寝、10—12点就寝、12点以后就寝的占比分别为27%、45%、28%。在睡眠质量上,50%农村教师反映存在入睡难、容易醒等睡眠问题,23%农村教师存在失眠等问题;仅12%

教师能够有一定的午休时间。

（3）工作压力

图 2-3 结果表明,农村教师主观工作压力较大,其中女性教师工作压力显著高于男性教师。访谈发现,农村教师压力源主要与工作要求(如检查评比、学生管教等)、社会认知(如社会地位、工资待遇、同事关系、家校合作等)以及职业发展(如职称晋升、日常考核、课改压力等)有关。农村教师客观工作时间也较长,每天工作 8—10 小时和 10 小时以上的教师分别占 34% 和16%。高工作压力对教师身心健康危害极大,容易使他们产生头痛、失眠、健忘等身心疾病,长此以往对教育教学也可能产生不利影响。王爽等(2021)基于工作要求-资源模型探讨了工作特征对农村教师工作压力的影响,结果发现,课时、工作时间、班级规模、任教学科、是否担任班主任等工作要求变量显著增加农村教师工作压力;而师资配置、生活补助、培训经费等工作资源变量不仅能显著降低农村教师工作压力,而且还能缓冲高工作要求对农村教师工作压力的作用强度。因此,增加资源供给是缓解农村教师工作压力的有效手段。

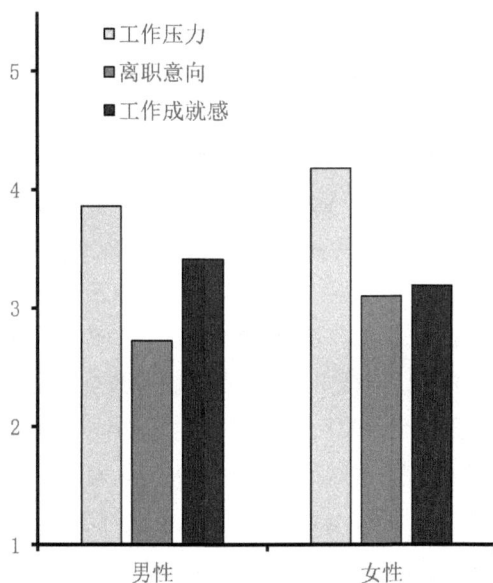

图 2-3 农村教师工作特征

令人意外的是,农村教师离职意向并不高,其中男性教师离职意向显著低于女性教师,说明绝大部分农村教师具有扎根农村安心从教的奉献精神。尽管如此，教育部门还是需要采取措施对离职意向较高的教师给予帮助，避免其消极心态的蔓延，从而确保农村教师队伍的稳定性。与本研究结果不一致的是，王艳玲（2022）对云南省 5342 位农村教师的问卷调查显示，26.7% 的农村教师离职意向非常强烈，表示一有机会就会离开农村；51.8% 的农村教师离职意向在中等强度以上；37.8% 的农村教师在农村长期从教的意愿较弱。研究还发现，教龄、家庭来源地、学校规模、是否寄宿、学校到县城的距离、工资收入、职业体验等变量能够有效地预测农村教师的离职意向。

农村教师工作成就感比较高，其中男性教师工作成就感显著高于女性教师。访谈结果表明，农村教师工作成就感一方面源于学生学有所成、领导同事赞赏等外在因素，但是更重要的是源于教师对自我价值的认同。农村地区条件普遍较差，这种特殊的工作环境更加彰显他们辛勤工作和无私奉献的价值，即使面临各种诱惑与困境，他们依然初心依旧，为农村教育的发展贡献力量，这种认知可能强化他们在教育教学中所取得的成就，使他们体验到较高的工作成就感。

（4）社会地位

农村教师自我知觉社会地位偏低，这可能是因为在当今的经济社会，个体的经济地位在一定程度上决定了他们的社会地位，而本研究调查发现，53% 的农村教师认为其收入处于当地中等偏下水平，收入满意度和付出—回报满意度得分较低，这可能是导致他们自我知觉社会地位偏低的主要原因之一。

值得注意的是，教师自我知觉的社会地位可能与其真实的或他人知觉的社会地位大相径庭。近年来，国家基础教育政策向农村教师的倾斜力度不断加强，先后出台的一系列政策对农村教师在经济上和精神上给予支持和鼓励，其社会地位得到国家层面的认可。比如，教育部等六部门发布的《关于加强新时代乡村教师队伍建设的意见》指出"提高农村教师地位待遇，让农村教师享有应有的社会声望"。赵忠平等（2021）探讨了农村教师社会地位的自我—他者认同差异，发现农村居民对本地教师社会地位的认同显著高于教师的自我认同，即农村教师社会地位存在自我—他者差异。有意思的是，农村教师认为"位不配才"，即自己的职业能力高于经济和精神回报；而农村居民则认为"才不配位"，即农村教师获得的经济和精神回报高于其职业能力。尽管如此，提高农村教师的社会经济地位，弘扬农村教师无私奉献的精神，引导社会形成尊师重教的良好风气，使农村教师成为受人尊敬、令人羡慕的职业，对稳定农村教师队伍具有特殊的意义。

(5)社会关系

图 2-4 显示,农村教师同事关系、师生关系、家庭关系比较和谐。农村人际关系的特点是家族背景浓厚,人与人之间存在着以血缘、亲缘、地缘为纽带的特殊人际关系,各种关系相互交错,因此人际冲突较少。调查表明,农村教师大多来自周边农村地区或对农村生活较为熟悉,因此其同事关系、师生关系、家庭关系较为和谐。和谐的人际关系有利于提高农村教师身心健康和增强其群体凝聚力,减少农村教师的流失,从而促进农村教育事业的蓬勃发展。

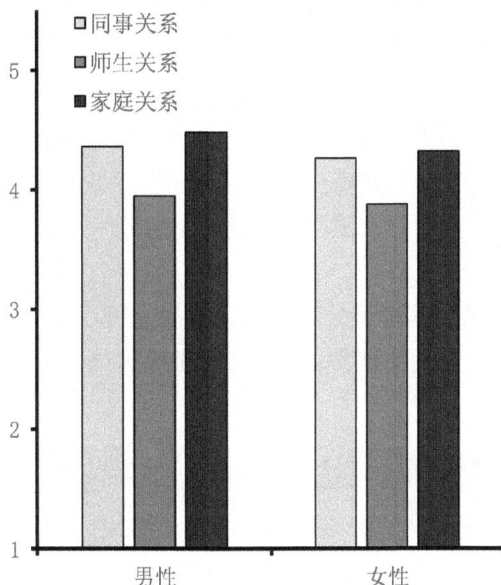

图 2-4 农村教师社会关系

(6)精神生活

在业余时间里,农村教师经常从事的活动包括看电视、上网、休息、逛街、社交、锻炼、学习、打牌,而较少进行阅读、养花鸟鱼虫、观看演出比赛、琴棋书画、看电影等文娱活动,这在一定程度上说明农村教师精神生活较为贫乏。其原因可能有如下三点:第一,精神生活的丰富离不开一定的物质基础和基础设施,农村学校地处偏僻,农村教师业余活动只能就地取材;第二,教师工作性质使其生活圈过于狭小,人际交往对象单一;第三,农村教师工作生活单调重复,往往两点一线,逐渐消融生活情趣。教师精神生活质量是影响教师生存和发展的重要原因,因此在学校层面为教师构建良好的发展环境,丰富教师课余生活,提升教师精神追求,是提升教师生存质量的重要举措。

2. 新教师

新教师入职后普遍会经历现实冲击和适应期（阚慢玲等，2019）。新教师的入职适应，也是他们习得教师职业技能、了解教师职业规范、内化教师职业价值、形成教师职业性格的社会化过程。新教师教育教学经验不足，理想与现实反差巨大，这种现实冲击可能使他们无所适从，求适应、求生存是该时期的主要特征，他们需要发愤图强，通过学习不断提升自己的专业知识与技能、锤炼自己的职业心态、完善自己的职业行为（殷玉新，2015）。因此，入职初期是教师职业生涯中心理和行为变化最大、最迅速的一个阶段。

我们采取方便取样的方法调查毕业三年以内的小学教师。剔除回答异常或者具有明显规律的虚假问卷，最终获得 349 份有效问卷。被试平均年龄 24.76±1.11 岁；男性教师占 15%，女性教师占 85%；问卷内容包括工作倦怠、消极情绪、教学效能感、工作满意度、人—职匹配、职业承诺、离职意向等。每道题目要求被试根据自身的主观感受进行评价，采取 1—5 点计分。

（1）总体状况

图 2-5 结果表明，新教师对工作的总体满意度及自身兴趣与职业之间的匹配程度得分较高。与此一致的是，新教师职业承诺和教学效能感水平较高，

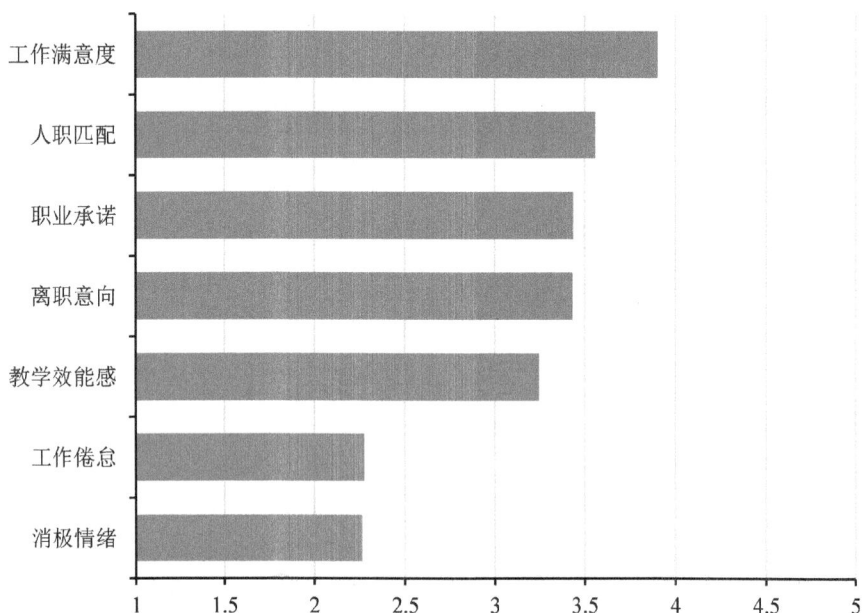

图 2-5 新教师职业心理状况

而工作倦怠和消极情绪水平则较低。总体上,新教师对工作和自我的知觉处于比较积极的状态。尽管如此,新教师离职意向稍高,这可能是因为新生代教师职业定向比较多元,希望探索更多的可能性。

接下来我们将新教师与其他年龄段教师进行对比。

工作满意度是指教师对其工作的总体感受与看法,它是影响教师职业幸福、专业发展及工作成效的重要因素。在教师工作满意度的年龄特征方面,孙汉银等(2008)调查发现,工作满意度随着教师年龄的增加呈逐渐增加的趋势,其中26—35岁教师的总体工作满意度最低,而46岁以上教师的总体工作满意度最高。冯虹等(2010)的调查却发现,工作满意度随着教师年龄的增加呈逐渐降低的趋势,他们认为这可能是因为年轻教师初入职场时激情澎湃,容易受教师职业使命的感召,而中老年教师由于年龄等因素在职称、晋升、收入等方面存在天花板效应,因此其工作满意度较低。而张忠山(2000)调查发现,工作满意度随着教师年龄的增加呈现先降低再升高的U形关系。

人—职匹配是个体能力、需求与职业要求、回报之间的匹配程度。在教师人—职匹配的年龄特征方面,张笑笑等(2023)调查发现,中小学教师在价值匹配、需求—供给匹配、要求—能力匹配等方面得分非常高,且不存在显著的年龄差异,表明中小学教师在择业之初就考虑到自身兴趣、能力、需求与教师职业要求、回报的契合程度。张辉蓉等(2022)对某农村青年教师追踪访谈三年,同样发现农村青年教师的个人目标和价值观念与学校的发展理念和要求大致匹配,其专业能力基本能满足学校要求,但其职业发展需求与学校供给明显不对称,因此农村青年教师可能面临职业发展受限的问题。伊师孟等(2018)对人—职匹配提出了质疑,这涉及"好教师是选出来的还是培养出来的"的争论。他们对三位教师进行了深度访谈,发现她们择业时选择教师这一职业并不是因为她们对教师职业感兴趣,而是由于她们迫于现实压力将教师作为谋生的手段,但是有意思的是,"不想当老师"的她们后来却成了"好"老师。因此,伊师孟等认为,新教师是否人—职匹配并不能决定整个职业生涯的成败,因此应先上岗、再培养,密切关注教师在职成长,在工作中逐渐促进教师人—职匹配。

职业承诺的本质是教师对其所从事的职业的认同感和归属感,它可以有效地预测教师对其职业是否忠诚,职业承诺高的教师更忠于教育事业,这是他们积极投身教育事业的强大内驱力。在教师职业承诺的年龄特征方面,刘晓晴(2021)调查发现,中小学教师职业承诺程度较高,而且40岁以上的教师的职业承诺得分显著高于40岁以下的教师,表明教师职业承诺随着年龄的增长呈逐渐增加的趋势。陈怡帆（2017）对农村小学教师的调查同样发现，教龄越长的教师其职业承诺水平也相对较高。

离职意向居高不下一直是某些特殊类别的教师，如农村教师、男性教师、特岗教师等，面临的问题。离职意向与离职行为不同，它反映了个体对工作的消极态度倾向，可能诱发个体在工作中表现出许多负性行为，如磨洋工、诋毁学校、挑拨离间等，对学生、同事以及学校都可能产生广泛的不利影响。在教师离职意向的年龄特征方面，李志辉等（2018）对重庆市农村教师的调查发现，离职意向随教龄的增加呈逐渐递减的趋势，教龄30年以上的教师离职意向远远低于其他教龄段的教师。王钢等（2021）认为，付出—回报失衡是教师离职意向的风险性预测因素，在控制月收入、年龄、教龄等人口统计学特征对离职意向的影响后，付出—回报比对教师离职意向仍然具有显著的预测效应。王海娜等（2022）对新生代特岗教师进行叙事研究发现，影响离职意向的因素主要包括教师情感、工作价值观和工作满意度。

教学效能感是教师对自己是否有能力完成教学任务、实现教学目标的认知和信念。教学效能感不仅关系到教师自身的职业幸福，还关系到学生的学习动机和学习结果。在教师教学效能感的年龄特征方面，俞国良等（1995）调查发现，教师个人教学效能感随着教龄的增加呈现上升的趋势，这可能是因为随着教龄的增长，教师的教学经验逐渐丰富，他们的思想观念、价值取向、行为表现、教学风格逐步稳定，因此个人教学效能感随之上升。胡晓阳（2021）发现，小学新教师的个人教学效能感水平较低，在教学重难点的把握、应对刺头学生、与家长有效沟通等方面存在问题，从而对入职适应、专业成长造成一定的负面影响。

在教师工作倦怠的年龄特征方面，本研究发现新教师工作倦怠水平较低。吴琼琼等（2012）的元分析结果也表明，5年以下教龄的教师的情绪衰竭和去人性化水平显著低于11—20年教龄的教师。石露洁（2021）对某小学新手教师进行质性研究，发现该教师在入职初期时心怀期待，但是在入职后第一年就体验到极大挫折，比如胡搅蛮缠的家长，"有些家长就各种挑刺，欺负你是新老师呗，在这边人生地不熟的（语气激动）"；繁重的事务性工作，"我还有很多事务性工作，像文明创建、综合实践活动班队、电教、图书、通信这些部门工作都是我一个人负责的"，使该新教师产生较高水平的工作倦怠。

在教师消极情绪的年龄特征方面，研究发现新教师消极情绪水平较低。教师在课堂教学或与学生的日常交流中表现出各种各样的、几乎包括人类所有可能经历的情绪体验（Frenzel et al. ,2021），如愉悦、自豪、愤怒、愧疚、焦虑等，其中表现频率最高的是愉悦,表现频率最低的是愤怒,这是由其职业特征所决定的。张丽等(2019)对山东中小学教师消极情绪进行了调查,发现中小学教师消极情绪体验,如无望、厌倦、孤单、痛苦、沮丧等,程度较低,表明其职业情感体验处于比较积极的状态。傅海伦等(2020)采用田野调查与问卷调查相结合的方法研究了山东省中小学农村教师的消极情绪状态,包括愤怒、受挫、厌恶和悲哀四个维度,发现中小学农村教师表现出较高水平的消极情绪体验,其中小学教师消极情绪水平高于初中教师,在教龄上呈现中间高两头低的倒 U 形关系,即 3年及以下教龄的教师和 20 年以上教龄的教师的消极情绪水平显著低于其他教龄段的教师。这可能是因为入职初期教师对教书育人满怀期待,因此体验到更多的积极情绪。随着现实冲击的加大,比如专业发展受限、工作难度较大等问题,导致教师消极情绪体验越来越强烈。但是,随着年龄的进一步增长,教师职称、阅历、社会影响力提升,其思维方式逐渐成熟,适应能力也有所提升,面对不良环境刺激时能够恰当地调整自己的情绪状态,因此其消极情绪体验可能逐渐减弱。

（2）性别差异

新教师在工作倦怠、消极情绪、教学效能感、工作满意度、人—职匹配、职业承诺、离职意向等方面的性别差异如表 2 - 10。

表 2 - 10　新教师职业心理状况的性别差异

维度	男性		女性		t
	M	SD	M	SD	
工作满意度	3.72	0.80	3.93	0.66	-2.08^{*}
人—职匹配	3.28	1.25	3.61	0.94	-2.23^{*}
职业承诺	3.02	1.13	3.51	0.84	-3.70^{**}
离职意向	3.01	1.10	3.51	0.97	-3.36^{**}
教学效能感	3.00	1.10	3.29	0.86	-2.13^{*}
工作倦怠	2.25	0.51	2.28	0.51	-0.34
消极情绪	2.28	0.85	2.26	0.76	0.19

注:*表示 $p < 0.05$;**表示 $p < 0.01$。

男性教师工作满意度($t = -2.08, p < 0.05$)、人—职匹配($t = -2.23, p < 0.05$)、职业承诺($t = -3.70, p < 0.01$)、教学效能感($t = -2.13, p < 0.05$)显著

低于女性教师。这一方面可能与我国传统文化对性别角色的不同期望有关,另一方面也可能与教师职业的内在特征有关。国内传统文化对男性和女性的社会角色存在不同的期望,"男主内、女主外"的社会分工得到社会的广泛认可。但是在学校,男女教师承担着同样的工作职责,扮演着同样的工作角色,面临着同样的工作要求和工作压力,从而可能使男性教师认为教师职业并不能实现自己的理想与抱负。目前职业性别差异存在两种争议:一种说法是随着男女平等观念的深入,传统性别角色的刻板印象逐渐减弱;另一种说法是传统性别角色观念在现代社会仍然有存在的空间,而且由于教师职业的内在要求,女性在某种程度上具有更大的优势,比如女性一般比男性更细致,更有耐心,因此很多人可能认为教师是一份特别适合女性的职业。值得注意的是,尽管男性教师工作满意度、人—职匹配、职业承诺、教学效能感显著低于女性教师,他们却表现出较低的离职意向。

男性教师在职业心理的很多方面低于女性教师,这可能使男性教师处于相对弱势的地位。教师男少女多的性别失衡现象在基础教育阶段尤为突出。根据世界经济合作与发展组织(OECD)的统计,OECD所有成员国中男性教师在中小学各个学段中的占比都偏低,2019年男性教师在小学阶段占比为18%,在初中阶段占比为33%,在高中阶段占比为40%。徐梦杰等(2021)认为,男性教师的缺乏不仅可能对学生产生负面影响,还将由于老龄化、集中退休、社会文化

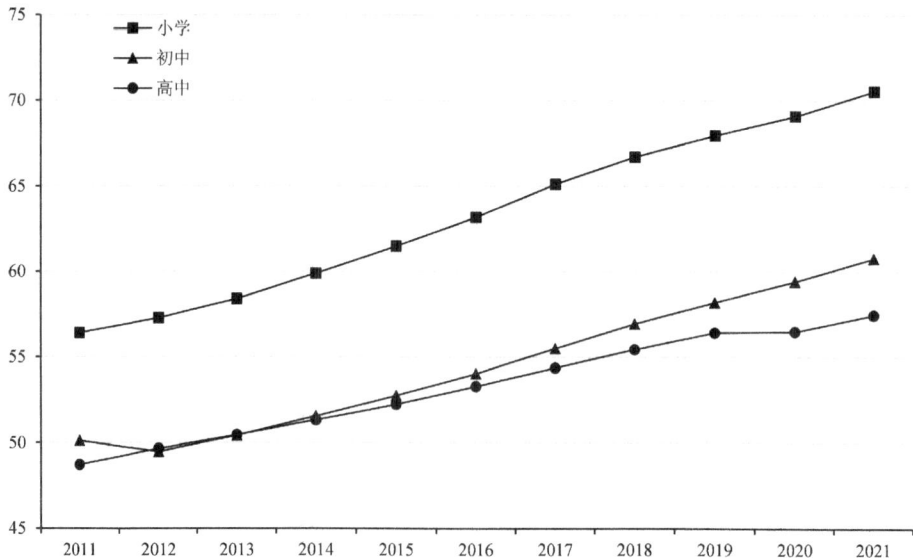

图2-6 国内女性教师比例的增长趋势

心理"隐秘门槛"造成教师行业的衰退。美、英等西方国家为了解决男教师比例下滑导致学校女子气越来越浓的问题发起男性教师运动,招募具有阳刚气概的男性作为教师。图2-6结果表明,最近10年女性教师在中小学各个学段的占比呈快速上升的趋势,尤其是小学学段女性教师的占比目前已经突破70%,而我国很多省市男性教师比例已经低于OECD均值,这是基础教育亟待解决的问题。

总之,中小学教师职业心理特征虽然在某些方面得分较低,但是总体上情况良好,这与《中国教师发展报告2022》的结论是完全一致的。该报告对我国31个省市的51381名中小学教师进行调查,指出"在专业精神的引领下,多数教师能以积极的心态应对工作难题,表现出积极的幸福体验"。

第三章　教师职业心理健康的变迁

　　个体心理不仅会随着年龄的增长而发生变化,也会随着时代的变迁而发生变化。认识到个体心理随社会变迁而变化这一现象并非难事,但准确量化其变化趋势和规律却非常困难,在方法学上需要分解三个时间维度上的变化趋势,即年龄效应、时期效应和世代效应。年龄效应是指个体心理随年龄的变化趋势,如个体罹患某种疾病的风险可能随着年龄的增长而逐渐增加。时期效应是指特定历史时期发生的重大社会、经济和政治事件对个体的影响,如重大自然灾害后个体心理和价值取向可能发生突变。世代效应缘于年龄与时期的交互作用,且这种交互作用会随时间发生变化。由于年龄、时期和世代之间完全共线性,分解三者对心理变迁的影响面临严峻的挑战(许琪等,2022)。传统的横断研究范式只能考察某个群体在某个时间点的心理状况,而无法考察心理随时代的变迁轨迹,即无法将宏观社会变迁和微观心理过程关联起来。考察心理变迁最直接的方法是采取不同时间间隔的追踪研究对不同世代"出生组"的各种心理指标进行测量,利用年龄—时期—世代模型(age – period – cohort – interaction model,APCI 模型)等统计手段分解年龄效应、时期效应和世代效应。但是,这种大型追踪调查耗时耗力,所需经费数额巨大,而且大样本的、长时段的心理追踪常常需要国家层面的高位推动。

　　横断历史研究(cross – temporal meta – analysis, CTMA)是由 Twenge 等(2001)提出的一种特殊的元分析技术,它采用"事后追认"的方式将现有的、孤立的横断研究按照时间顺序加以连贯,使之变成关于历史发展的横断取样,从而描述较大时间跨度内个体心理和行为的动态轨迹和变化趋势,揭示心理变量随年代的变化趋势(辛自强等,2008)。与传统元分析类似的是,CTMA 也是对已有研究数据进行重新定量分析的方法;但与传统元分析不同的是,CTMA 关注的是某一心理特征的均值水平如何随年代的变化而变化。此外,以往研究由于缺少恰当的研究范式和数据处理手段无法定量考察时代发展对个体发展的影响,而CTMA可以将宏观的社会变迁与微观的个体心理发展联系起来,以揭示宏观社会对个体心理发展变化的影响。因此,CTMA为考察某一心理特征的历年变化过程,重大社会事件与个体心理发展的关系,解释心理变量之间的因果关系,社会变迁与个体心理发展之间的因果关系,社会变迁对特定人群心理的影响等提供了新的研究思路(辛自强等,2008)。

当今中国正处于百年未有之大变局,社会、经济、教育等领域都正在发生广泛而深刻的变革。社会快速转型期的一个鲜明特征就是双重性和复杂性,即"社会优化与社会弊病并生、社会进步与社会代价共存、社会协调与社会失衡同在、充满希望与饱含痛苦相伴"(郑杭生,2009),在带来新的机遇与可能性的同时也不断带来新问题与新挑战,各种风险性因素和保护性因素相互交织,对个体心理和行为产生巨大而复杂的影响(蔡华俭等,2020)。例如,经济的高速发展一方面可能催人奋进,使社会大众享受更优质的社会福利,开拓更广阔的发展空间,这是职业发展和幸福生活的动力因素;但另一方面也可能加剧社会阶层的分化,割裂传统的人际关系网络,带来文化观念层面的深刻碰撞,从而增加心理适应的难度,引起安全感降低、孤独、焦虑等诸多心理问题。因此,社会变迁必然伴随着个体心理发生普遍性的、规律性的变化。揭示中小学教师心理和行为随时代的变化趋势,在一定程度上可以帮助我们理解中小学教师和基础教育的现在和未来,不仅有利于培育中小学教师"自尊自信、理性平和、积极向上"的社会心态,也对基础教育改革与发展有着积极的影响。

一、教师心理变迁的一般规律

我们以"教师"+"横断历史研究"为关键词在中国知网进行搜索,发现以往研究者利用CTMA探讨教师心理健康(如汪海彬等,2013;杨睿娟等,2017;衣新发等,2014)、生活满意度(辛素飞等,2022)、主观幸福感(辛素飞等,2021)、工作倦怠(刘贤敏等,2014)、教学效能感(雷浩等,2022)随年代的变迁规律。我们首先对已经发表的16篇有关教师心理变迁的横断历史研究成果进行再次综合分析,描绘教师在不同心理指标上的变迁规律和总图景。

1. 教师心理健康忧喜参半

过去几十年国内中小学教师的心理健康呈现怎样的变化趋势? 这个问题是教育学和心理学研究者普遍关心的问题。自20世纪90年代以来,国内研究者开始采用症状自评量表(SCL-90)等工具对中小学教师心理健康状况进行广泛的调查。我们以"教师"+"心理健康"检索篇名，共检索到4163篇文献，表明教师心理健康越来越受到研究者的重视，这为进一步分析教师心理健康的年代变迁提供了必要数据。SCL-90是研究者使用最多的量表，该量表由90个项目组成，包含躯体化、强迫、人际敏感、抑郁、焦虑、敌对、恐怖、偏执和精神病性等9个因子，被试在某因子上的得分越高，则表明该症状越严重。为了解决单个研究由于取样偏差、样本量小等问题，同时也为了刻画教师心理健康的动态变化规律，研究者采用CTMA对幼儿教师（汪海彬等，2013）、中小学教师（汪海彬等，2013；赵云龙，2015）、高校教师（赵云龙，2014；汪海彬等，2015）心理健康的年代变化进行研究，研究结果如表3-1所示。

表3-1　教师心理健康的横断历史研究

作者	研究对象	起止年代	r	d	总体趋势	其他重要结论
卢家楣	全体教师	1993—2012	0.37—0.17	0.14—0.52	下降	
杨睿娟	全体教师	1995—2011	正相关	0.29—0.60	下降	幼儿和高校教师的心理健康水平较高；中小学及特教教师心理健康水平较低；职业中学教师居中
汪海彬	中小学教师	1979—2012	正相关	0.19—0.46	下降	男女教师心理健康存在结构性差异；农村教师低于城市教师；心理健康随学段升高而下降；心理健康在地区上呈倒U形
汪海彬	幼儿教师	1979—2012	0.15—0.51	0.14—0.51	下降	城市教师心理健康低于农村教师公办教师心理健康低于私立教师
衣新发	全体教师	1994—2011	正相关	0.09—0.47	下降	在焦虑方面变化最大；在躯体化方面变化最小；在强迫症状方面问题一直突出
范会勇	幼儿教师	2001—2015	不相关		稳定	

续表

作者	研究对象	起止年代	r	d	总体趋势	其他重要结论
赵云龙	中小学教师	1991—2010	正相关	0.15—0.33	下降	女性教师变化缓慢;中学教师下降速度明显高于小学教师;城市教师下降速度明显高于农村教师
赵云龙	高校教师	2001—2010	正相关	0.13—0.60	下降	男女教师心理健康下降速度基本持平
汪海彬	高校教师	1978—2014	0.27—0.28	-0.26—0.22	有升有降	抑郁和偏执随年代上升而下降;躯体化和强迫随年代上升而上升;在性别和学历上存在结构性差异
杨睿娟	全体教师	1995—2013		-0.34—0.05	先降后升	1995—2009 年教师心理健康显著降低;2009—2013 年教师心理健康上升;性别对教师心理健康影响不显著
肖桐	农村中小学及幼儿教师	1991—2014	0.40—0.61	0.15—0.57	下降	东部地区逐年下降;中部地区逐年上升;西部地区持续平缓;中小学教师显著下滑;学前教师相对稳定
廖友国	只取教师数据	1986—2017	不显著		稳定	

注:r 表示 SCL - 90 各因子均值与年代的相关系数;d 表示 SCL - 90 各因子均值变化的效果量。

教师心理健康的变迁趋势忧喜参半。令人担忧的是,无论是幼儿教师、中小学教师,还是高校教师,其心理健康水平呈逐年下降的趋势。一项包括 400 余万人的横断历史研究表明,中国人心理健康水平整体上随年代稳中有升(廖友国等,2019)。具体到职业,军人、农民工、矿工、铁路职工等群体心理健康的总体水平随年代稳中有升（蔡华俭等，2020；辛自强等，2020）。教师已经成为各类职业群体中心理健康随年代恶化趋势最突出的群体之一。

令人欣喜的有两个方面：一是虽然教师心理健康呈现逐年下降的趋势，但其效应量较小。依据 Cohen 对效果量绝对值大小的区分，效果量 d 小于 0.5 属于"小效应"，介于 0.5 至 0.8 属于"中效应"，大于 0.8 属于"大效应"。按此标准，教师 SCL－90 各因子均值变化的效应量大多属于小效应，部分达到中效应，表明教师心理健康的变化幅度较小；二是某些教师群体心理健康较为稳定（范会勇等，2016；廖友国等，2019）。杨睿娟等（2017）甚至发现，1995—2009 年教师心理健康水平显著降低，而2009—2013 年教师心理健康水平上升，提示最近几年教师心理健康可能有好转的趋势。

2. 教师主观幸福感逐年降低

主观幸福感是指个体根据某种标准对其生活质量的总体评估。从社会层面来讲，主观幸福感是维持整个社会和谐稳定的基石；从个体层面来讲，主观幸福感是个体心理健康和生活质量的重要评价标准之一。教师幸福感缺失将严重影响学生乃至整个教育的发展，只有幸福的教师才能培育出幸福的学生，从而创造出积极的教育未来。

辛素飞（2021）对 2002—2019 年 51 篇教师主观幸福感的研究进行横断历史分析。由于该研究同时包括高校教师和中小学教师，两者在教育对象、教学任务、工作环境等方面存在明显的差异，我们对中小学教师主观幸福感的数据重新进行分析，将年代作为横坐标、主观幸福感均值为纵坐标绘制散点图。如

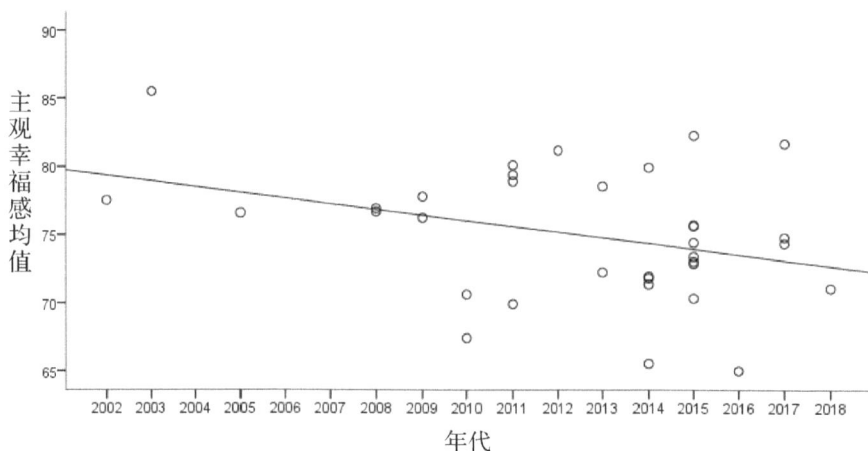

图 3－1　2002—2020 年教师主观幸福感的变化趋势

图 3 – 1 所示,中小学教师主观幸福感呈逐年下降的趋势。样本加权的回归分析结果表明,年代显著地负向预测中小学教师主观幸福感均值($\beta = -0.38$, $p < 0.05$),年代解释主观幸福感 14% 的变异。综上所述,中小学教师可能越来越感觉自己不幸福。

教师主观幸福感的逐年下降趋势与 20 世纪 90 年代以来中国国民主观幸福感呈现先下降再上升的趋势明显不同。联合国在 2023 年的"世界幸福日"发布了第十版《世界幸福报告》,该报告基于人均生产总值、健康预期寿命、生活水准、国民内心幸福感、人生抉择自由、社会清廉程度以及慷慨程度等对全球不同国家和地区人民的主观幸福感水平进行综合排名。该报告指出,近年来中国国民的幸福指数不断攀升,2023 年较 2022 年的幸福指数上升了 0.2 分,较 2021 年上升了 0.5 分;中国的排名也在飞速上升,从 2021 年的第 84 位迅速上升至 2023 年的第 64 位。刘军强等(2012)对中国人民大学中国调查与数据中心在 2003—2010 年 5 次抽样调查数据进行分析,发现国人的幸福感在该时段中一直处于上升趋势,其中经济的持续增长和物质生活的改善是幸福感的主要推动力。

教师主观幸福感的逐年下降趋势与"收入 – 幸福"假设相悖。主观幸福感是一个非常抽象和主观的体验,不同群体对幸福的理解也不尽相同。基于积极心理学的观点,决定个体幸福与否的关键因素不是客观现实,而是个体对客观现实的认知、评价和情感反应,所谓幸福,其本质是一种主观层面的个人感受。因此,有两个方面的问题值得研究者注意:一是教师主观幸福感的逐年下降趋势何时才能反转;二是教师在哪些方面的认知偏差导致"收入 – 幸福"悖论,使他们在国民越来越幸福的背景下却感觉越来越不幸福。

3. 教师生活满意度逐年降低

生活满意度是个体基于某种标准对自己一定时期内生活质量的主观体验和认知评价,生活满意度作为主观幸福感的认知成分,被认为是个体心理社会适应和心理健康状况的经典测量指标之一。目前国内研究者大多采用 Diener 等编制的量表测量被试的生活满意度,该量表共 5 道题目,采用 1—7 级李克特计分,得分越高,表示教师生活满意度也越高。辛素飞等(2022)搜集了 2007—2018 年发表的 47 篇关于教师生活满意度的研究报告,并采用 CTMA 探讨教师生活满意度在此期间的变化趋势。研究结果表明,生活满意度与年份呈显著负相关($r = -0.35$, $p < 0.05$),表明教师生活满意度呈逐年下降的趋势,如图 3 – 2 所示。在此期间,教师生活满意度均值下降了 0.41 分,等同于下降了 0.33 个标准差($d = -0.33$)。根据 Cohen 关于效应量的界定,教师生活满意度均值的

下降幅度属于小效应。

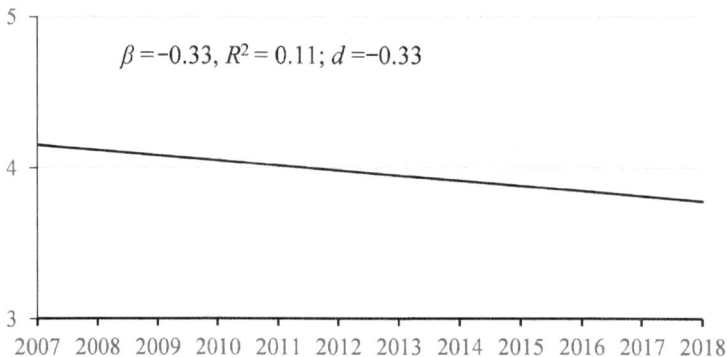

$$\beta =-0.33,\ R^2 = 0.11;\ d =-0.33$$

图 3 - 2　2007—2018 年教师生活满意度的变化趋势

传统观点倾向于认为经济状况越好,个体的生活满意度水平则越高。教师生活满意度的变化趋势表明,教师生活满意度在过去很长一段时间与国内经济高速发展并不同步。Campbell 提出的相关标准模型认为,幸福感和生活满意度主要受个体对自己经济状况的满意度而不是实际的经济状况的影响,其中社会经济地位的相对变化是导致个体幸福感和生活满意度降低的重要因素。孙瑞琛等(2010)利用世界价值观调查项目的数据探讨了国人 1990—2007 年生活满意度的变化,发现国人生活满意度在 1990—2001 年逐渐下降,但是从 2007 年起呈现上升的倾向。因此,我们有充分的信心相信未来教师生活满意度将会发生逆转。

4. 教师工作倦怠逐年增加

工作倦怠是指个体长期处于工作压力之下逐渐形成的一种综合征,包括情绪衰竭、去人性化、个人成就感降低三个维度。教师是工作倦怠的高发人群之一,教师工作倦怠不仅影响教师自己的工作与生活,还可能对学校和学生也产生一系列不良影响。Maslach 工作倦怠量表(MBI)在不同国家、不同职业群体中的应用都非常广泛,被认为是测量工作倦怠的"黄金准则"。刘贤敏等(2014)对我国教师 2003—2013 年工作倦怠进行横断历史研究。研究结果表明,情绪衰竭、去人性化、成就感降低三个维度的均值与年代均呈显著正相关。图 3 - 3 结果表明,2003—2013 年教师工作倦怠三个因子的均值虽然有所波动(波动范围分别为 0.31、0.95 和 1.41 分),但整体来看均呈上升趋势(d 值分别为 0.37、1.27 和 1.81),表明我国教师工作倦怠在逐年增加。按照 Cohen 对效果量大小的区分,情绪衰竭变化的效果量属于中效应,非人性化和个人成就感降低变化的效果量属于大效应。进一步分析结果表明,中学教师的工作倦怠程度最重,小学教师次之,大学教师最轻。袁承杰等(2015)考察了2004—2013年医生工作倦怠三个维度的均值随年代的变化趋势,结果表明,医生情绪衰竭有所改善,去个性化保持稳定,个人成就感降低逐渐增加。通过与同时段医生工作倦怠变化趋势的对比可知,教师外部环境和内部认知可能处于越来越不利的地位。

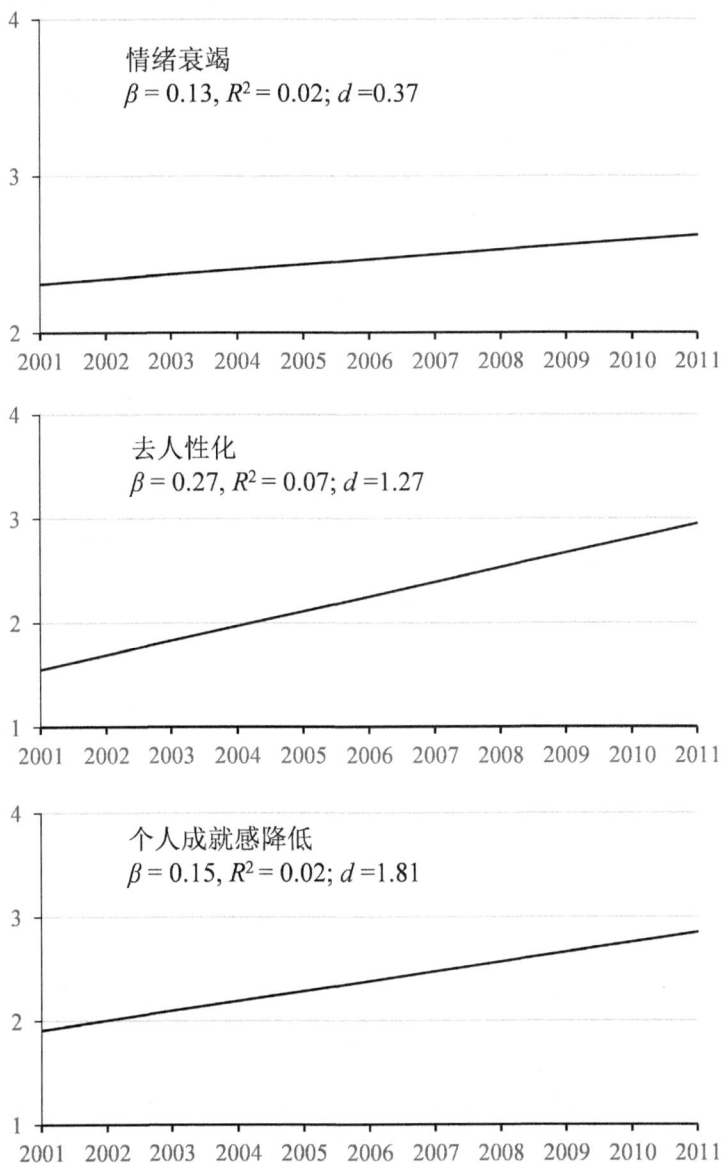

情绪衰竭
$\beta = 0.13$, $R^2 = 0.02$; $d = 0.37$

去人性化
$\beta = 0.27$, $R^2 = 0.07$; $d = 1.27$

个人成就感降低
$\beta = 0.15$, $R^2 = 0.02$; $d = 1.81$

图3-3　2003—2013年教师工作倦怠的变化趋势

5. 教师教学效能感逐年增加

教学效能感的概念源于 Bandura 的自我效能感概念，是指教师对自己在多大程度上影响学生学习和行为的主观判断。教学效能感在教师教育信念中处于核心地位，高教学效能感的教师倾向于选择富有挑战性的任务，对学生有较高的期待，遇见困难时坚持不懈，积极反思，并采用灵活的策略促进目标的实现。雷浩等（2022）收集了 2002—2018 年 42 篇关于中小学教师教学效能感的文献，并利用 CTMA 分析中小学教师教学效能感的变迁规律。图 3 - 4 结果表明，2002—2018 年我国中小学教师的教学效能感呈现上升趋势，样本量加权的回归分析结果表明，年代显著地正向预测教学效能感均值（$\beta = 0.33, p < 0.05$），年代解释 11.0% 的教学效能感变异。

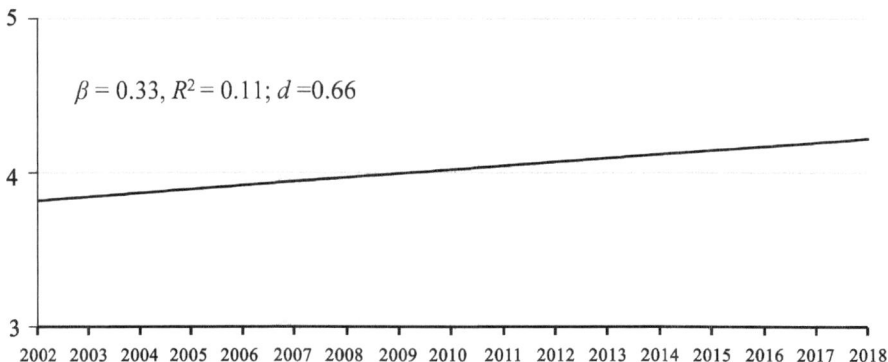

$$\beta = 0.33, R^2 = 0.11; d = 0.66$$

图 3 - 4　2002—2018 年教师教学效能感的变化趋势

二、教师心理健康的横断历史研究

以往关于教师心理状况的横断历史研究结果令人非常担忧。总体来讲，尽管最近几十年中国社会、经济、文化等各个领域都进入良性发展轨道，但是中小学教师心理健康、生活满意度、主观幸福感、工作倦怠并未因此呈现向好发展的局面，这种现象值得高度关注。但是，从研究方法的角度考量，以往横断历史研究往往以某一心理特征的均值为因变量，以样本量为加权变量，以年代为自变量进行回归分析，其潜在假设是该心理特征随着年代的变迁呈递增或递减的线性变化趋势。然而，群体心理和行为的变迁趋势可能并不总是线性的，还可能在不同的历史时期表现出不同的变迁趋势。例如，国人幸福感呈先降后增的 U 形变化趋势，在 20 世纪 90 年代有所下降，2000 年之后开始回升并持续至今（蔡华俭等，2020；Clark et al.，2019）。国人自尊在 1993—2017 年呈总体上升趋势,但期间有一个先降后升的过程,拐点大概在 2008 年前后(Li et al.,2020)。某些重大社会事件甚至可能改变个体心理变化的速度或方向,例如国人价值观在非典、汶川地震、新冠疫情前后发生了较大的改变(蔡华俭等,2020)。这意味着基于线性假设的分析可能忽略教师心理的波动曲折。

基于以上原因,本研究采用 CTMA 探讨中小学教师心理健康随年代的变化趋势究竟是呈单调递增或单调递减的线性变化趋势,还是呈先减后增或先增后减的 U 形或倒 U 形的非线性变化趋势?

我们在中国学术期刊全文数据库、中国重要报纸全文数据库、中国优秀硕博士学位论文全文数据库、万方数字化期刊数据库及其学位论文数据库中,分别以教师、心理健康、SCL-90、症状自评量表等关键词组成检索词进行联合检索。我们还对参考文献列表进行人工检索,避免遗漏。满足以下标准的文献纳入 CTMA 分析:

① 研究对象为中国大陆中小学教师(含职业高中);

② 以 SCL-90 为调查工具,报告了 9 个因子的均值和标准差,或者报告了可推算出相关因子均值和标准差的信息;

③ 报告了样本量、计分方法等信息;

④ 基于同一批数据的文章只保留其中一篇。

本研究共获得 1993—2018 年 288 篇文献,其中核心期刊 70,一般期刊 173 篇,硕博论文 56 篇,纳入文献特征如表 3-2。

表 3-2 纳入文献特征

年代	篇数	样本量	男性%	女性%
1993	2	596	37%	63%
1995	2	3497	26%	74%
1996	1	118	69%	31%
1997	2	524	43%	57%
1998	5	1338	47%	53%
1999	2	1185	23%	77%
2000	10	4090	40%	60%
2001	12	5046	54%	46%

年代	篇数	样本量	男性%	女性%
2002	28	11267	36%	64%
2003	28	16358	43%	57%
2004	25	8274	38%	62%
2005	16	6091	40%	60%
2006	22	10222	37%	63%
2007	23	8007	44%	56%
2008	18	9136	39%	61%
2009	20	7689	39%	61%
2010	15	12731	49%	51%
2011	12	4204	44%	56%
2012	10	4650	32%	68%
2013	17	6648	38%	62%
2014	5	2797	44%	56%
2015	2	476	26%	74%
2016	5	1209	37%	63%
2017	2	643	33%	67%
2018	4	1286	36%	64%
合计	288	128082	40%	60%

1. 教师心理健康变迁的总体趋势

为了明确1993—2018年中小学教师心理健康随年代究竟是呈线性变化趋势还是非线性变化趋势,首先我们将SCL-90各因子均值作为因变量,样本量作为加权变量,年代作为自变量进行线性回归分析,结果如表3-3。然后,我们将SCL-90各因子均值作为因变量,样本量作为加权变量,年代和年代平方作为自变量进行非线性回归分析,结果如表3-4。

表 3-3 1993—2018 年中小学教师心理健康的线性变化趋势

因子	$\beta_{年代}$	R^2
躯体化	0.08	0.01
强迫	0.24 ***#	0.06
人际敏感	0.09	0.01
抑郁	0.17 **	0.02
焦虑	0.16 **##	0.02
敌对	0.15 *#	0.02
恐怖	0.06	0.00
偏执	0.05	0.00
精神病性	0.12#	0.01

注：* 表示 $p < 0.05$；** 表示 $p < 0.01$。未纳入控制变量。

#表示 $p < 0.05$；##表示 $p < 0.01$。纳入控制变量。

表 3-4 1993—2018 年中小学教师心理健康的非线性变化趋势

因子	$\beta_{年代}$	$\beta_{年代平方}$	R^2	拐点
躯体化	0.08#	-0.13 *	0.02	2009
强迫	0.24 ***#	-0.09	0.07	
人际敏感	0.12#	-0.12 *	0.02	2009
抑郁	0.17 **##	-0.16 **##	0.05	2009
焦虑	0.17 **##	-0.17 ***	0.05	2009
敌对	0.15 **##	-0.16 ***	0.05	2009
恐怖	0.06#	-0.16 ***	0.03	2007
偏执	0.10	-0.20 **##	0.04	2008
精神病性	0.16 ***#	-0.17 ***	0.04	2009

注：* 表示 $p < 0.05$；** 表示 $p < 0.01$。未纳入控制变量。

#表示 $p < 0.05$；##表示 $p < 0.01$。纳入控制变量。

结果表明，年代对躯体化、人际敏感、恐怖、偏执的回归系数不显著（$p >$ 0.05）；对强迫、抑郁、焦虑、敌对的回归系数为正且达到显著（$p < 0.05$）；对精神病性的回归系数为正且达到边缘显著（$p = 0.07$）。年代平方除强迫以外，对其他八个因子的回归系数均为负，且都达到显著水平（$p < 0.05$），表明躯体化、人际敏感、抑郁、焦虑、敌对、恐怖、偏执、精神病性在 1993—2018 年呈先增后降的倒 U 形非线性变化趋势，而强迫呈单调递增的线性变化趋势。值得注意的是，所有回归模型中 R^2 都比较小，表明年代效应较弱。

为了更清晰地描述 SCL - 90 各因子均值随年代的变化趋势，我们以年代为横坐标，SCL - 90 各因子均值为纵坐标作图，结果如图 3 - 5 所示。

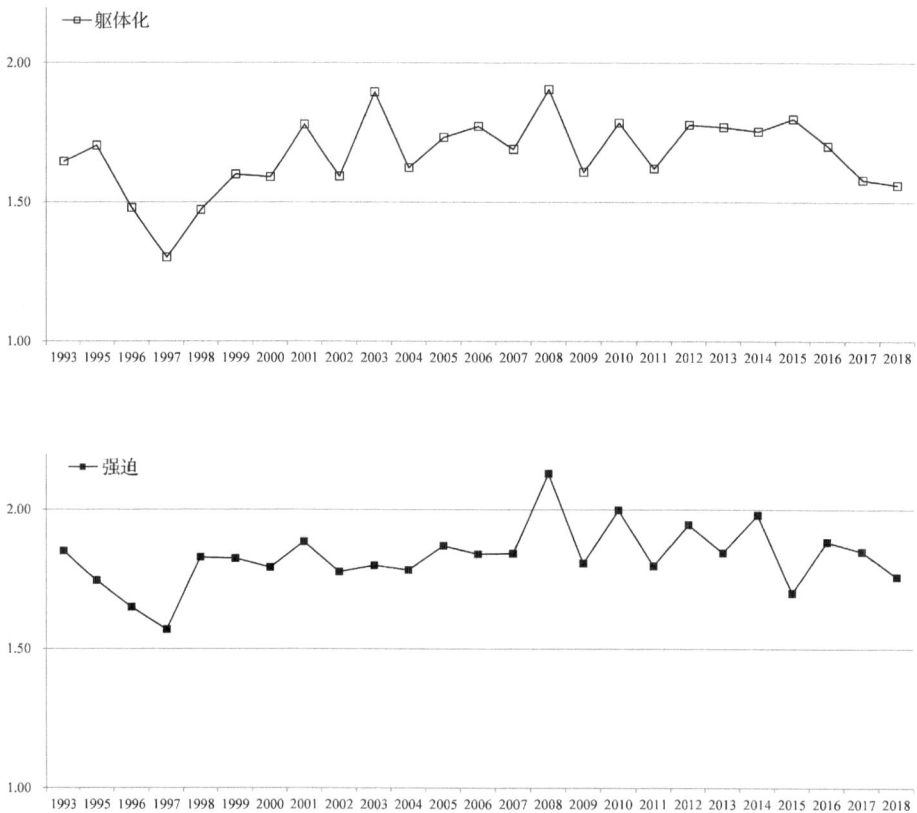

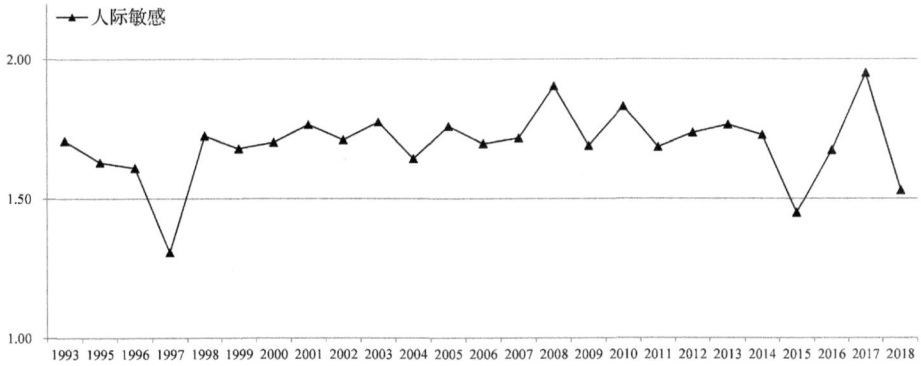

人际敏感

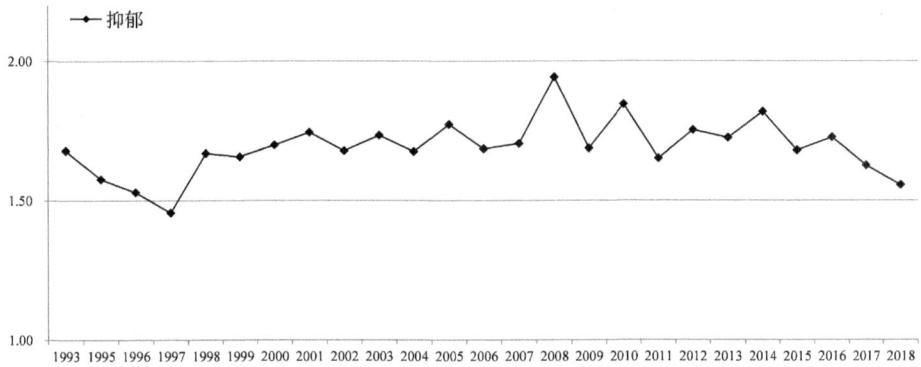

抑郁

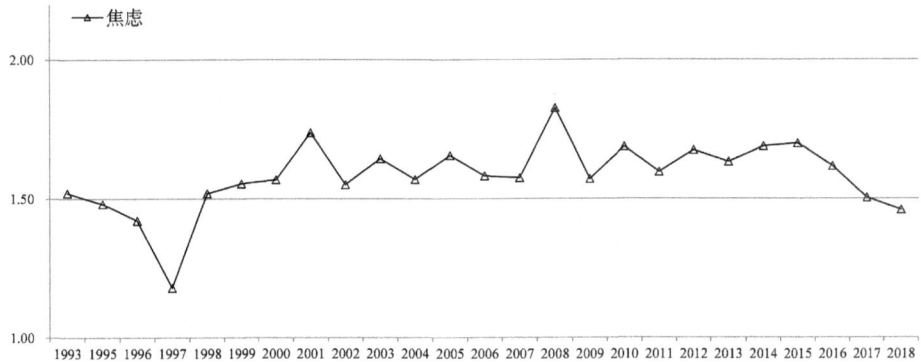

焦虑

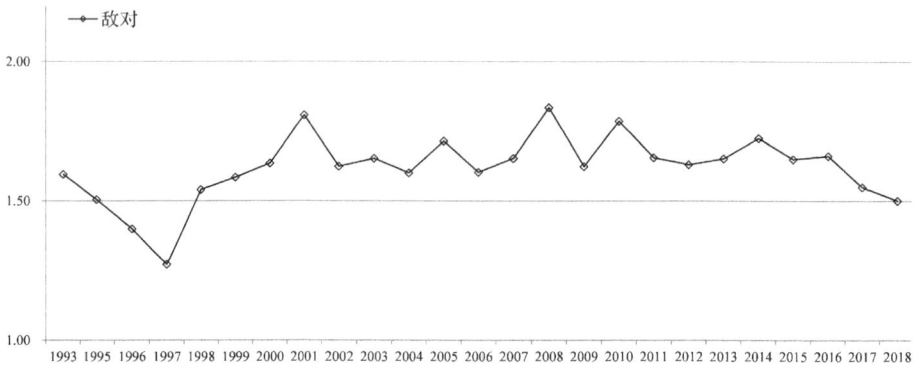

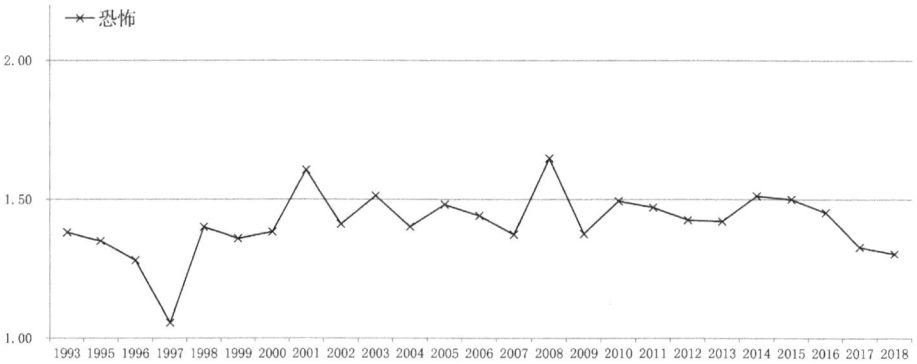

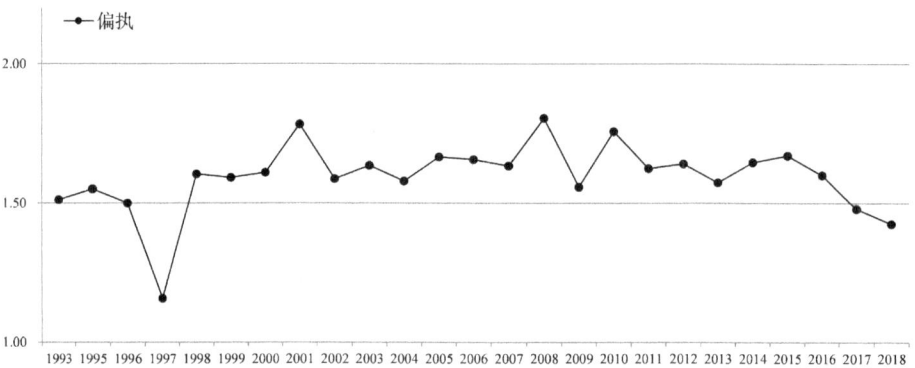

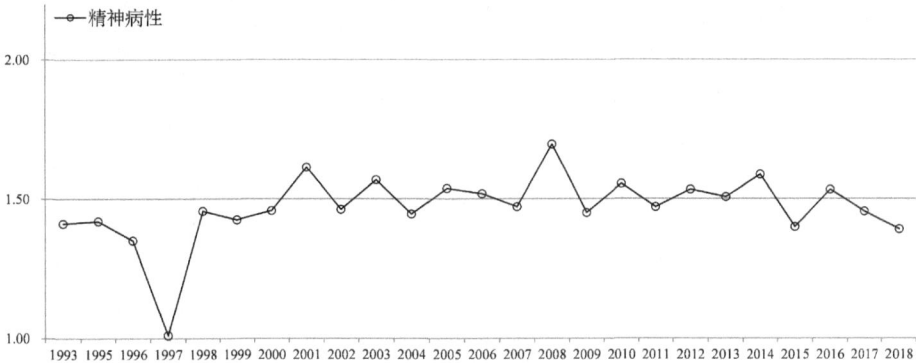

图 3 - 5 1993—2018 年 SCL - 90 各因子均值的变化趋势

既然 SCL - 90 绝大部分因子随年代呈先增后降的变化趋势,那么最近几年中小学教师心理健康水平与全国常模相比如何? 为了回答这个问题,本研究利用 CMA 3.0 比较 2016—2018 年中小学教师 SCL - 90 各因子得分是否与金华常模(1986)和童辉杰常模(2010)存在差异,结果分别如表 3 - 5 和表 3 - 6。元分析结果表明,除偏执外,中小学教师在其他八个因子上的均值均高于常模($p < 0.05$),效应量达到 Cohen 所认为的小效应或中效应。

表 3 - 5 2016—2018 年中小学教师心理健康与 1986 年常模比较结果

因子	1986 年常模	d	SD	95%上下限
躯体化	1.37 ± 0.48	0.47**	0.10	0.27—0.67
强迫	1.62 ± 0.58	0.33**	0.08	0.17—0.49
人际敏感	1.65 ± 0.61	0.01	0.15	- 0.29—0.31
抑郁	1.50 ± 0.59	0.22**	0.08	0.07—0.37
焦虑	1.39 ± 0.43	0.30**	0.09	0.13—0.47
敌对	1.46 ± 0.55	0.21**	0.07	0.07—0.35
恐怖	1.23 ± 0.41	0.32**	0.09	0.15—0.50
偏执	1.43 ± 0.57	0.12	0.07	- 0.01—0.25
精神病性	1.29 ± 0.42	0.36**	0.08	0.20—0.53

注:** 表示 $p < 0.01$。

表 3 - 6　2016—2018 年中小学教师心理健康与 2010 年常模比较结果

因子	2010 年常模	d	SD	95%上下限
躯体化	1.48 ± 0.54	0.41^{**}	0.02	0.38—0.46
强迫	1.83 ± 0.64	0.29^{**}	0.09	0.10—0.47
人际敏感	1.79 ± 0.65	0.30^{**}	0.02	0.26—0.34
抑郁	1.70 ± 0.65	0.27^{**}	0.09	0.08—0.45
焦虑	1.55 ± 0.55	0.44^{**}	0.09	0.25—0.62
敌对	1.64 ± 0.63	0.16^{**}	0.07	0.01—0.31
恐怖	1.40 ± 0.50	0.25^{**}	0.10	0.07—0.44
偏执	1.69 ± 0.62	0.12	0.08	-0.03—0.29
精神病性	1.63 ± 0.56	0.30^{**}	0.09	0.13—0.48

注:$**$ 表示 $p < 0.01$。

2. 教师心理健康变迁的性别差异

我们分别将男性教师和女性教师 SCL - 90 各因子均值作为因变量,样本量作为加权变量,年代和年代平方作为自变量进行非线性回归分析。由表 3 - 7 和表 3 - 8 可知,除人际敏感外,男性教师和女性教师在其他八个因子上均呈先增后降的倒 U 形非线性变化趋势,这与总样本的变化趋势是基本一致的。对人际敏感的线性回归结果表明,年代的回归系数在男性教师中不显著($\beta = 0.08$, $p > 0.05$),但在女性教师中为正且达到显著水平($\beta = 0.27$,$p < 0.01$),表明女性教师人际敏感呈递增的变化趋势。

表 3 - 7　1993—2018 年男性中小学教师心理健康的变化趋势

因子	β_1	β_2	R^2
躯体化	0.36^{**}	-0.33^{**}	0.14
强迫	0.16	-0.21^{*}	0.04
人际敏感	0.15	-0.15	0.03
抑郁	0.21^{*}	-0.22^{*}	0.05
焦虑	0.27^{**}	-0.23^{*}	0.08
敌对	0.28^{**}	-0.27^{**}	0.09

续表

因子	β_1	β_2	R^2
恐怖	0.29**	−0.33**	0.11
偏执	0.14	−0.24*	0.05
精神病性	0.20*	−0.24*	0.06

注：* 表示 $p < 0.05$；** 表示 $p < 0.01$。

表 3-8　1993—2018 年女性中小学教师心理健康的变化趋势

因子	β_1	β_2	R^2
躯体化	0.46**	−0.34**	0.19
强迫	0.37**	−0.24**	0.12
人际敏感	0.26**	−0.14	0.06
抑郁	0.37**	−0.28**	0.12
焦虑	0.33**	−0.29**	0.11
敌对	0.38**	−0.35**	0.15
恐怖	0.27**	−0.31**	0.10
偏执	0.23*	−0.31**	0.09
精神病性	0.38**	−0.33**	0.14

注：* 表示 $p < 0.05$；** 表示 $p < 0.01$。

我们进一步将女性教师作为对照组，男性教师作为实验组，计算中小学教师在 SCL-90 各因子上性别差异的平均效应量（辛自强等，2012）。结果表明，年代和年代平方对性别差异的回归系数不显著（$p > 0.05$），表明中小学教师心理健康的性别差异不存在显著的年代效应，并没有随着年代的变迁而增加或减少。

3. 教师心理健康变迁的学段差异

我们分别将小学教师和中学教师 SCL-90 各因子均值作为因变量，样本量作为加权变量，年代和年代平方作为自变量进行非线性回归分析。表 3-9 结果表明，小学教师躯体化较为稳定，强迫随年代呈线性增加的趋势，而人际敏感、抑郁、焦虑、敌对、恐怖、偏执、精神病性随年代均呈先增后降的倒 U 形非线性变化趋势。表 3-10 结果表明，中学教师躯体化、强迫、人际敏感、抑郁、焦虑、敌对、偏执随年代呈先增后降的倒 U 形非线性变化趋势,而恐怖和精神病性则较为稳定。

表 3 - 9　1993—2018 年小学教师心理健康的变化趋势

因子	β_1	β_2	R^2
躯体化	0.06	− 0.13	0.03
强迫	0.34 *	− 0.08	0.13
人际敏感	0.12	− 0.22 *	0.04
抑郁	0.22 *	− 0.23 *	0.13
焦虑	0.23 *	− 0.24 *	0.14
敌对	0.33 *	− 0.17 *	0.17
恐怖	0.14	− 0.25 *	0.10
偏执	0.21 *	− 0.21 *	0.06
精神病性	0.26 *	− 0.23 *	0.08

注:* 表示 $p < 0.05$。

表 3 - 10　1993—2018 年中学教师心理健康的变化趋势

因子	β_1	β_2	R^2
躯体化	− 0.17 *	− 0.16 **	0.09
强迫	0.29 *	− 0.32 **	0.08
人际敏感	0.01	− 0.23 *	0.05
抑郁	0.08	− 0.27 *	0.05
焦虑	0.09	− 0.30 *	0.06
敌对	0.22 *	− 0.38 **	0.09
恐怖	− 0.09	− 0.18	0.06
偏执	0.08	− 0.33 *	0.08
精神病性	− 0.03	− 0.20	0.05

注:* 表示 $p < 0.05$;** 表示 $p < 0.01$。

我们进一步将小学教师作为对照组,中学教师作为实验组,计算中小学教师在 SCL - 90 各因子上学段差异的平均效应量。以学段差异为因变量进行回归分析,结果表明年代和年代平方对学段差异的回归系数均不显著($p > 0.05$),表明小学教师与中学教师心理健康差异不存在显著的年代效应,并没有随着年代的变迁而增加或减少。

4. 教师心理健康变迁的时代特征

我们采用 CTMA 探讨了 1993—2018 年中小学教师心理健康的变化趋势。结果表明,强迫随年代呈逐渐增加的线性变化趋势,而躯体化、人际敏感、抑郁、焦虑、敌对、恐怖、偏执、精神病性则呈先增后降的倒 U 形非线性变化趋势。

以往横断历史研究大多认为,中小学教师心理健康存在逐年变差的趋势(肖桐等,2018;衣新发等,2014),这不免使人们对教师的职业风险及其不良影响产生强烈的担忧。但是,以往研究所纳入的文献大多为 2010 年之前发表的文献,因此其结果只能反映这一特定历史时期教师心理健康的变化趋势。与以往研究完全一致的是,我们同样发现中小学教师心理健康在此时期内的确呈逐年变差的趋势,但是在此之后却逐渐好转,这在一定程度上改变了我们对中小学教师心理健康的悲观论调。以往研究也表明,军人、农民工、矿工、铁路职工等其他职业群体心理健康的总体水平稳中有升(蔡华俭等,2020;辛自强等,2020),这在一定程度上证实随着中国社会、经济、文化等各个领域都进入良性发展轨道,教师心理健康好转的局面会继续持续下去。

对不同亚群体的分析结果表明,中小学教师心理健康的变化趋势在不同性别和不同学段中基本一致,性别差异和学段差异的平均效应量均未达到 Cohen 所称的小效应,进一步说明宏观社会因素和微观职业因素可能对教师产生相对一致的影响。这可能是因为不同类型的教师其工作性质和工作内容基本上是相同的,来自家庭、学校、社会等不同层面的保健性因素和风险性因素也较为类似,因此它们对教师产生相同或类似的影响。

虽然近年来中小学教师心理健康有好转的趋势,但这并不意味着教师心理健康水平达到良好的程度。我们将 2016—2018 年中小学教师 SCL – 90 各因子得分与常模进行比较,发现其总体水平仍显著低于金华于 1986 年构建的常模和童辉杰于 2010 年构建的常模,表明教师仍然存在较大的心理健康风险。这可能是因为教师不仅面临着诸如工作时间过长、考试升学形势严峻、学生问题层出不穷等工作压力,还面临着社会各界的高角色期待、价值冲突、家校沟通等社会压力,这些压力如果得不到及时的、有效的排解可能导致教师在情绪、态度、行为、自我体验等方面出现问题。值得注意的是,以往有研究对 SCL – 90 常模的时效性、样本代表性等方面提出质疑,与其相比可能高估教师心理健康的严重程度(吴洪艳,2014)。因此未来研究者需要与新的常模进行比较,同时也可以基于大样本调查比较不同职业群体的心理健康是否存在显著差异。

三、影响教师心理变迁的宏观社会因素

Bronfenbrenner的生态系统理论强调将时间和空间相结合来考察个体发展的动态过程,亦即个体发展所依赖的环境系统会随着时间的推移而发生变化。社会变迁通过宏系统中政治、经济、文化等要素的变化使个体心理印上深深的时代烙印,形成共同的集体表征。近年来中小学教师心理的变迁模式可能与国内经济、教育、社会等宏观领域的急剧变化有关。当代中国的社会变迁是史无前例的,经济快速发展,竞争日益激烈、生活节奏加快、价值体系重塑,人们需要不断地重新审视自己和社会,这对包括教师在内的国人心理产生了广泛而深远的影响,困扰人们身心健康的问题也在不断发生变化。正是基于这些认识,2019年在北京举行的"首届世界科技与发展论坛"将"社会变迁对人的身心健康有哪些影响"列为未来人类十大科学问题之一。

1. 教师心理变迁的时代背景

在社会价值观方面,史无前例的社会变迁促进心理学家深入探讨国人心理与行为变化的脉络和趋势。蔡华俭等(2020)认为,半个世纪以来国人心理变化总体上呈现以下几个倾向:第一,个体主义上升,集体主义在很多方面逐渐式微。现代化理论认为,全球范围内社会变迁的基本趋势是从传统到现代,与此相对应的是个体变迁的基本趋势也是传统性不断下降,而现代性不断增强(黄梓航等,2018)。因此,与个体主义相关的价值观(如个性化、平等等)和人格特征(如多元、包容等)日益盛行,而与集体主义相关的价值观(如服从、内敛等)和人格特征(如面子、关系等)则日益衰弱。第二,多元文化共存将是当下和未来中国社会的重要特征。在中国现代化过程中,许多传统价值观(如亲情、爱国等)和现代价值观(如自主、独立等)可能长期共存。在某些特殊情况下,个体主义价值观甚至可能会受到遏制,而集体主义价值观则可能得到增强。比如新冠疫情使人们重新认识集体主义价值观的巨大威力,以中国为代表的集体主义精神较强的国家和国民表现出惊人的集体行动能力,这些内敛自律、与人为善、舍生取义的传统价值观使中国成为抗疫最成功的国家之一。

在经济方面,中国经济自20世纪90年代以来保持中高速增长,GDP分别在2005年、2006年、2007年、2010年赶超法国、英国、德国与日本,跃升世界第二大经济体。教育被摆到优先发展的战略地位,党和国家高度重视广大教师的

切身利益。根据中国劳动统计年鉴,我国小学教师和中学教师的平均工资分别从 1988 年的 1700 元和 1791 元增长为 2018 年的 85054 元和 91696 元,年均增长率约 14%,涨幅大大超过 GDP 涨幅。未来,国民经济的不断增长为教师收入持续递增提供经济基础。《中华人民共和国义务教育法(2018 年修订版)》等规定的"各级人民政府保障教师工资福利和社会保险待遇,改善教师工作和生活条件;完善农村教师工资经费保障机制。教师的平均工资水平应当不低于当地公务员的平均工资水平"则为教师收入持续递增提供法律保障。

在教育改革方面,中国最近几十年教育改革的规模之大、程度之深前所未有。随着基础教育改革的不断深入,国家将建设高质量教师队伍作为教育发展的重大战略,由弥补数量短缺转变为提升教师质量和结构。王艳玲等(2022)通过对政策文本的历时性分析发现,我国教师队伍建设紧紧围绕职业道德和业务素质两大主线对教师的要求在不断提高。随着我国颁布的一系列教师教育政策,如 2018 年的《全面深化新时代教师队伍建设改革的意见》、2022 年的《新时代基础教育强师计划实施方案》等,教师教育发展进入质量全面提升时期,加强教师职前职后培养,提升教师综合素质和专业化水平,为我国教师教育长期可持续发展奠定坚实基础,正在成为我国教师政策的核心议题。

中国社会的急剧变迁伴随着生活方式、家庭结构、价值观念和文化习俗等方面的急剧变化,彻底打破个体原有的认知方式,他们需要进行心理重构来适应并开创一个全新的生活场域,跨越式的社会变迁必然诱发跨越式的心理震荡和冲突。美国未来学家阿尔温·托夫勒在《未来的震荡》一书中指出,"社会变革和技术革新的加速发展使社会上所有的个人和组织都越来越窘于应付了,处理不当将引起适应力的大崩溃"。社会变迁越快,个体就越需要不断调整自己适应这种变迁,由此可能诱发各种身心问题。根据世界卫生组织、世界银行和哈佛大学发布的《全球疾病负担》,中国精神疾病所致的伤残调整生命年(DA-LY)从 1990 年的 14.2% 上升为 2020 年的 15.5%,目前 DALYs 超过 1% 的 25 种高负担疾病中精神障碍占 5 项,分别为:抑郁症、自杀/自伤、精神分裂症、双相情感疾病和强迫症。关宇霞等(2018)发现,鹿鄂温克人从原始社会到现代社会的跨越式社会变迁给他们带来严重的心理冲击。中国社会变迁的速度快、程度深、冲击强,如果超出教师所能积极处理和有效应对的阈限,可能使他们表现出各种消极的心理感受和行为表现,对教师心理健康提出了严峻挑战。比如,潘道生(1995)将改革开放以来的社会变革对心理适应的问题概括为以下几种:物欲化倾向、轻浮化倾向、无责任化倾向、虚假化倾向等,这值得心理学研究者的注意。

社会变迁及其心理后果既有消极的一面，但是也有积极的一面，这需要我们全面、科学、辩证地评估社会发展对个体心理的影响。郑杭生等（2009）认为，社会快速转型期"社会进步与社会代价共存、社会优化与社会弊病并生、社会协调与社会失衡同在、充满希望与饱含痛苦相伴"。社会变迁的确带来一些消极影响，比较凸显的有人与人之间的信任感降低，焦虑、抑郁、孤独等负面情绪普遍增加，但从某种意义上讲也有助于国人在全球化背景下适应现代社会，提升心理韧性。蔡华俭等（2020）发现，国人幸福感近年来逐渐上升，心理健康整体稳中有升，为这一观点提供佐证。国家近年来大力倡导的社会心理服务体系建设就是针对社会发展过程中可能出现的心理问题而提出的一种积极应对战略。我们要充分相信中国文化海纳百川、兼容并蓄的优势，协调各种矛盾冲突，充分利用经济快速发展和社会长期稳定的优势促进教师心理积极发展。

2. 教师心理变迁的付出—回报失衡机制

我们对1993—2018年中小学教师心理健康的变化趋势的研究发现，中小学教师心理健康呈先增后降的倒U形非线性变化趋势，拐点大约出现在2009年。以往CTMA研究发现，尽管最近几十年中国社会、经济、文化等各个领域都进入良性发展轨道，但是中小学教师生活满意度、主观幸福感、工作倦怠并未因此呈现向好发展的局面。范会勇等（2016）分析了国内经济指标与2001—2015年教师心理健康变化的关系，发现国家教育投入经费与历年SCL-90因子均分不存在显著相关，意味着增加教育投入并未使教师心理健康状况逐年变好。根据Campbell提出的相关标准模型，教师对经济状况的主观感受而非经济状况本身诱发教师认知和心理发生嬗变，在一定程度上决定了教师对生活和工作的主观体验，掩盖了经济发展对心理健康的积极促进效应。

Siegrist提出的付出-回报失衡模型（effort-reward imbalance model，ERI）从社会交换的角度探讨了压力的产生机制，该理论着眼于个体付出与其回报是否相当，回报小于付出将使个体处于紧张状态，从而导致个体产生抑郁、躯体化、社会功能障碍、焦虑、失眠等身心问题。杨睿娟等（2017）发现，付出-回报失衡可以解释1995—2013年教师心理健康的变化。宏观环境层面的教师付出-回报失衡需要从内在和外在两个角度考虑付出与回报之间的复杂作用。外在付出包括教师投入的时间、精力等，内在付出包括教师对工作的感情投入、职业使命等；外在回报是教师从工作中获得的工资、福利等经济性回报，内在回报是教师从工作中获取的社会经济地位、稳定性等非经济性回报。

在外在付出方面,我们从工作负荷(生师比)和工作复杂度两个方面来衡量教师的外在付出。生师比越高,教师可能在班级管理和师生沟通等方面花费的时间和精力也越多,从而可能增加教师的工作压力和心理负担。由图3-6可知,根据教育部的公开数据,2000—2021年基础教育阶段生师比逐年下降,2021年小学阶段生师比16.33∶1,初中阶段生师比12.64∶1,高中阶段生师比12.84∶1,总体规模基本上能够满足基础教育的需求。但是,师资结构性问题依然突出,如偏远农村学校教师数量不足,音体美教师短缺等。生师比与1994—2012年SCL-90各因子均值之间的相关系数均不显著(范会勇等,2016),但是显著地负向预测2002—2018年教学效能感均值(雷浩,2022),说明高生师比可能是教师某些心理特征的风险因子。

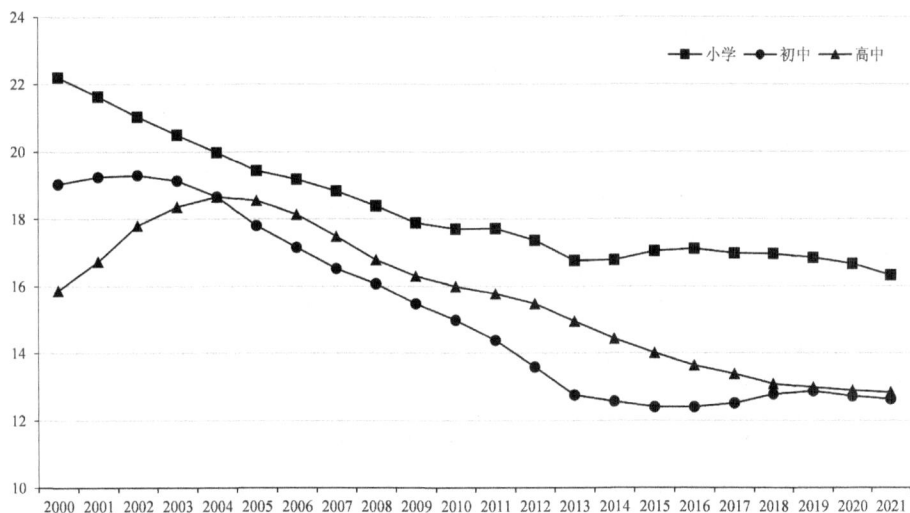

图3-6 2000—2021年我国基础教育生师比的变化趋势

在工作复杂度方面,随着我国基础教育改革如火如荼地进行,新的教育政策、教育观念、教学模式不断涌现,社会、学校、家庭与学生等又对教师和教育提出了多元化的要求与期望,因此教师充当的角色越来越多,工作也变得越来越复杂。以学生问题行为为例,辛自强等(2020)发现,过去一二十年里青少年心理问题、焦虑、抑郁等消极心理特征在逐渐增加,而自尊等积极心理特征却在逐渐下降,这在某种程度上加大了教师工作难度。再以学生学业发展为例,2022年颁布了《义务教育课程方案和课程标准(2022年版)》。范涌峰等(2023)认为,新课标的实施对教师专业知识、课程素养、教学改进、教研培训、教学惯习等多个方面都提出了新的要求。值得注意的是,宏观层面上的工作复杂度难以量化,因此难以评估它与教师心理变迁的关系;另外,工作复杂度既可能是一种阻碍性压力源,妨碍个体成长和进步,但是也可能是一种挑战性压力源,促进个体进步和身心健康。例如,汪明帅等(2020)认为,百年以来中国好教师形象发生了从"教书匠"到"研究者"再到"反映的实践者"的更迭,显然教师工作复杂度越来越大,但这在另一个方面恰恰也反映了教师专业水平和职业形象的提升。

在内在付出方面,我们根据职业认同和职业承诺来衡量教师对工作的内在付出。李倩等(2018)分析了2005—2017年教师职业认同的变化趋势,结果表明年代与职业认同均值不存在显著相关,即中小学教师职业认同总体上保持稳定。值得注意的是,教师职业认同的样本加权均值为3.98分,在5点计分中处于非常高的水平,说明中小学教师一直高度认同教师职业。刘梓艳等(2022)发现,2009—2021年特岗教师职业认同整体上处于较高水平,且不受年代的调节,即特岗教师职业认同随年代的变化较为稳定。对于职业承诺,尹奎等(2021)发现,2005—2019年教师情感承诺总体上呈上升趋势,但在2008年和2015年有两次明显的下降;规范承诺年代效应不显著;持续承诺的均值较低且波动较大。赵敏等(2022)对比了2009年和2019年深圳教师的职业态度,发现深圳教师职业态度整体上积极向上,呈现出三高特征,即高认知、高情感、高意向。以上研究说明,过去几十年中小学教师对工作的内在付出保持稳中有升的趋势。

在外在回报方面,我们根据教师工资收入的绝对水平和相对水平来衡量教师职业对教师的外在回报。从绝对水平来看,过去20年教师工资收入呈逐渐增加的趋势,使教师享受到中国经济高速发展带来的时代红利,为教师能够过上美好幸福的生活提供经济保障。从相对水平来看,教师工资收入增幅在某种程度上取决于社会比较。社会比较包括上行比较(与比自己好的群体进行比较)和下行比较(与比自己差的群体进行比较),而以往研究大多关注教师工资收入的上行比较。首先,我国房价、物价等生活成本上涨明显,加剧教师生存压力,这对年轻教师的影响可能尤为突出。其次,1993年颁布的《中国教育改革和发展纲要》明确指出教育经费占GDP的4%,但这一目标在2012年才首次实现,说明教育投入在过去很长一段时间一直低于规划水平。最后,改革开放以来就业渠道和形式日益多样化,不少人善于捕捉商机,个人财富不断增长,而教师仍保留着计划体制,工资、奖金和补贴受国家相关制度的严格限制,与某些群体相比可能出现收入错位现象。陈富等(2022)对1988—2018年我国教师工资及其位序进行研究,发现教师工资的绝对数量在过去30年增长了51倍,年均增长率达14%;但教师工资在行业中的相对位置变动频繁,呈现先降后升的趋势,且不同教育阶段教师工资间的差距持续拉大。

值得注意的是,教师对其经济收入的社会比较对心理变迁的影响可能比较复杂。无论是上行比较还是下行比较,都有可能产生对比效应,也有可能产生同化效应,甚至还有可能产生两种完全相反的效应。一般来讲,上行同化效应和下行对比效应能够使个体增强自我评价水平,而上行对比效应和下行同化效应则使个体降低自我评价水平。教师工作较为稳定,尤其在部分企业中996现象、35岁危机等背景下,教师逐渐成为广大毕业生的择业首选,如教师资格考试报名人数由2012的17.2万人次跃升至2022年的1144.2万人次,10年内提高到了66倍。

在内在回报方面,我们根据教师职业成就感、声望、形象来衡量工作对教师的外在回报。廖友国(2015)发现,2002—2014年教师职业成就感明显低于同为助人职业的公务员、医生和警察,但是总体上随年代保持较为平稳的态势。樊云云等(2020)基于2010—2020年统计年鉴和调查数据探讨了我国教师职业声望的变化,发现公众对教师职业道德声望、职业能力声望及职业收入声望的评价均有显著升高。在职业形象方面,传统媒体中不同历史时期教师形象中的某些内核依旧历久弥新,但是其具体内涵和外在表现形式增加了时代气息和特色。如王飞(2019)发现,改革开放至1991年间,毫不利己、专门利人的无私奉献型教师形象;1992—2000年,注重教育教学改革和学术研究能力的专业型教师形象;2001—2018年,善于在实践中反思和成长的创新型教师形象。但在新型媒体中,董星辰等(2021)发现,网络媒体对幼儿教师形象认知内容从关注师表形象到关注师德形象,认知态度从正面报道为主到以负面倾向占据主导,在一定程度上说明媒体语言"象征性权力"滥用误导形象认知。在师道尊严方面,师生关系作为一种特殊且复杂的关系,不断地随着社会与时代的发展而发展。从"尊重"这一视角来考察师生关系,可以发现我国师生关系经历了传统的师道尊严、五四时期的"以学生为重"、新中国成立后的"以教师为主导"、改革开放之后的"尊师重教",以及最近几年的"尊重学生",师生关系的天平倾向了学生这一边。

宏观层面上付出—回报失衡对教师心理变迁的影响非常复杂,我们需要从辩证的、积极的角度看待这一问题。从辩证的角度来看,宏观层面的任何因素并不必然对教师心理变迁产生或消极或积极的单一影响,而是积极影响和消极影响相互交织,机遇与挑战共存,关键在于我们如何引导教师积极地认识和适应环境,采取措施变压力为动力,化危机为生机,促进教师心理向上向好的发展。从积极的观点来看，虽然教师某些心理特征近年来呈逐渐下降的趋势，但最核心的价值体系和职业认同一直维持在较高的水平，教师安心从教、乐于从教的初心始终不变。黄杰等（2023）研究发现，教师工作倦怠水平越高，他们反而会增加对学生的自主支持，这恰好说明国内传统文化和教师职业道德使教师越是在困难的时候越具有无私奉献的精神。从这一点出发，我们完全相信中小学教师在生活满意度、主观幸福感、工作倦怠等方面呈现的随年代降低的趋势可能只是暂时现象，未来将随着教育改革的不断深入而逐渐扭转这种局面。

第四章　教师心理健康素养

教师要达到认知合理、情绪稳定、行为适当、人际和谐、适应良好的心理完好状态，首先需要提升他们的心理健康素养，这可能是提升教师心理健康最经济、最有效的措施之一。我国正处于经济社会快速转型的时期，国民心理健康问题日益凸显，心理健康素养逐渐从学术走向社会，引起政府部门的高度关注并逐渐纳入公共政策议题。2017年国家卫健委等22个部门共同印发的《关于加强心理健康服务的指导意见》提出将提高公民心理健康素养作为精神文明建设的重要内容；2019年卫健委发布的《健康中国行动（2019—2030年）》将"到2022年和2030年，居民心理健康素养水平分别提升到20%和30%"列为"心理健康促进行动"的首要目标。中小学教师肩负着为国育才、为党育人的重要历史使命，提升中小学教师心理健康素养，对树立教师职业形象、提高人才培养质量乃至推进健康中国战略都具有非常重要的意义。

一、心理健康素养概述

1. 心理健康素养的内涵

澳大利亚心理学家Jorm(1997)在"健康素养"的基础上首次提出了"心理健康素养"的概念，并将其定义为"帮助人们识别、处理和预防心理疾病的知识和观念"，具体包括识别心理疾病的能力，寻求心理健康信息的知识，关于心理疾病的风险因素、病因、干预、获得专业帮助的知识和观念，以及促进心理疾病识别和恰当求助的态度。Jorm关于心理健康素养的定义得到了国内外学者们的广泛认可，之后的研究者对心理健康素养的理解既有共识，但是在某些方面又对其进行了拓展。

一方面，研究者试图将与心理疾病有关的知识、态度和技能，如病耻感、求助效能等，整合到心理健康素养之中。Nutbeam(2000)认为，心理健康素养是个体通过各种不同的途径获得心理健康知识，在此基础上形成合理的态度和信念，进而形成维护、促进心理健康的技能，并表现出适应性的行为，从而达到维护和促进心理健康的目的。Jorm（2012）将心理健康素养的结构扩展为 5 个方面，包括心理疾病的预防知识、心理疾病的识别、心理疾病求助和有效治疗的知识、有效自助策略的知识、心理急救技能。随着心理健康素养的内涵和外延的不断扩展，研究者需要重新思考究竟哪些要素是心理健康素养的核心要素，这需要在构成要素的完整性和重要性方面进行取舍。比如，O'Connor 等（2014）将 Jorm 的五维模型简化为由识别、知识和态度构成的三维模型。

另一方面，随着积极心理学思潮的兴起，越来越多的学者认识到病理生理学模式过分关注疾病、痛苦等消极面的不足，转而关注美德、积极品质、潜力等，从积极心理学的立场考虑如何维护与促进心理健康，并从他人—自我维度区分了助己和助人方面的知识、态度和行为习惯。例如，加拿大心理疾病与心理健康联盟强调健康促进在心理健康素养中的重要性。我国卫计委等部门联合发布的《关于加强心理健康服务的指导意见》非常明确地将心理健康促进纳入心理健康服务范围，倡导"每个人是自己心理健康第一责任人"的理念。

国内以江光荣和陈祉妍为代表的学者从不同角度对心理健康素养的概念进行了拓展。江光荣等（2021）将心理健康素养定义为"个体在促进自身及他人心理健康，应对自身及他人心理疾病方面所养成的知识、态度和行为习惯"，这一定义从心理疾病应对—心理健康促进以及自我—他人两个维度来描述心理健康相关的知识、态度和习惯，具体包括：心理健康相关的知识和观念、心理疾病相关的知识和观念、促进自身心理健康的态度和习惯、促进他人心理健康的态度和习惯、应对自身心理疾病的态度和习惯、应对他人心理疾病的态度和习惯。

明志君等（2020）将心理健康素养定义为"综合运用心理健康知识、技能和态度，促进和保持心理健康的能力"，其中心理健康知识素养包括心理健康基本知识与原理、积极心理健康、心理疾病及治疗、危机干预与自杀预防、心身健康关联、儿童心理健康等；心理健康技能素养包括心理健康信息的获取、特定心理疾病的辨别、心理急救、情绪调节等；心理健康态度素养包括心理疾病治疗及预防的态度、心理求助态度、病耻感等。

国内外学者对心理健康素养的概念尚未取得一致认识，这在一定程度上折射出心理健康素养的多维性和复杂性，其核心维度亟待得到清晰的界定和令人信服的理论论证，这是编制评估工具和构建干预策略的必要前提。

2. 心理健康素养的测量

随着心理健康素养的内涵和外延的不断扩展,研究者从不同的切入点和侧重点编制了一系列测评工具。按维度分,既有仅仅针对心理健康素养某个成分的单维测量工具,也有综合评估多个成分的多维测量工具。按作答方式分,既有李克特计分的,也有是否、填空或简答的。按内容分,既有侧重知识的,也有同时涵盖知识、态度、技能、行为的。五花八门,莫衷一是。Wei 等(2015)筛选出 215 个心理健康素养相关量表,包括 69 个知识量表、111 个病耻感/态度量表及 35 个心理求助量表。心理健康素养评估工具数量繁多,侧面说明研究者对什么是心理健康素养、心理健康素养包括哪些基本要素等关键问题尚不清楚。另一个值得注意的问题是,某些工具对内部一致性信度、内容效度、结构效度、校标效度、文化效度等测量学指标并未进行严格的检验。

国外应用较广泛的单维评估工具包括心理疾病识别量表(Mental Health Disorder Recognition Questionnaire, MHDRQ)、心理健康知识进度表(Mental Health Knowledge Schedule, MHKS)、心理障碍知识多选测试量表(Multiple - choice Knowledge of Mental Illness Test)、心理疾病信仰量表(Beliefs Toward Mental Illness Scale)等。国外应用较广泛的多维评估工具包括心理健康素养量表(Mental Health Literacy Scale, MHLS)、多元心理健康素养量表(Multi - component Mental Health Literacy Measure, MMHLM)、心理健康素养量表(Mental Health Literacy Questionnaire, MHLQ)。

中科院国民心理健康评估发展中心编制了国民心理健康素养量表,该量表包括知识、行为/技能、信念/态度三个维度(表 4 - 1)。该量表具有良好的内容效度、结构效度和内部一致性信度,基于该量表开展了首次全国性的国民心理健康素养调查,详见《心理健康蓝皮书:中国国民心理健康发展报告(2017—2018)》《心理健康蓝皮书:中国国民心理健康发展报告(2019—2020)》《心理健康蓝皮书:中国国民心理健康发展报告(2021—2021)》系列报告。

表 4 - 1 中科院国民心理健康素养量表的维度及例题

维度	子维度	例题
知识	心理疾病治疗	如果患上心理疾病,只要服药就可以有效治疗
	心理疾病症状与识别	情绪不好就是抑郁症
	心理疾病成因与预防	积极健康的生活方式有助于预防老年痴呆症
	心身健康关联	不良情绪可能引发生理疾病

续表

维度	子维度	例题
知识	危机干预与自杀预防	决定了要自杀的人是不会告诉别人的
	儿童保护	对儿童进行性侵犯的主要危险来自陌生人
	儿童教育	打完孩子之后好好哄一哄就不会留下心理阴影
	基本知识与原理	焦虑不安等消极情绪有害无利
行为	情绪觉察	情绪变化时，我一般都知道是什么事情引起的
	认知重评	心情不好时，我会问自己是不是想得太悲观了
	人际支持	心情不好的时候，我会找人说一说
	分心术	遇到不开心的事，我会转移自己的注意力
信念	心理健康意识	对于一个人来说，心理健康非常重要

江光荣等（2021）对心理健康素养概念提出新的概念框架，据此编制了国民心理健康素养量表，如表4-2所示。该量表包括6个维度，分别为心理疾病的知识和观念、心理健康的知识和观念、应对自己心理疾病的态度和习惯、维护和促进自己心理健康的态度和习惯、应对他人心理疾病的态度和习惯、维护和促进他人心理健康的态度和习惯。不同维度的克伦巴赫信度系数介于0.64—0.74，重测信度介于0.40—0.79，达到心理测量学的标准。

表4-2　江光荣国民心理健康素养量表的维度及例题

维度	例题
心理疾病的知识和观念	看到别人看不到的东西，听到别人听不到的声音，是心理疾病的表现之一
心理健康的知识和观念	心理健康就是没有痛苦和压力
应对自己心理疾病的态度和习惯	心理疾病是小问题，不用太关注
维护和促进自己心理健康的态度和习惯	向人倾诉苦恼显得自己很没用
应对他人心理疾病的态度和习惯	我会把心理疾病患者和我说的话当作笑话和其他人讲
维护和促进他人心理健康的态度和习惯	我不能理解那些觉得生活没有意义的人

国家卫健委针对社会民众对心理健康的主要关切，提出心理健康素养十

条,可供民众对心理健康素养进行粗略的评估:

第一条:心理健康是健康的重要组成部分,身心健康密切关联、相互影响。

第二条:适量运动有益于情绪健康,可预防、缓解焦虑抑郁。

第三条:出现心理问题积极求助,是负责任、有智慧的表现。

第四条:睡不好,别忽视,可能是心身健康问题。

第五条:抑郁焦虑可有效防治,需及早评估,积极治疗。

第六条:服用精神类药物需遵医嘱,不滥用,不自行减停。

第七条:儿童心理发展有规律,要多了解,多尊重,科学引导。

第八条:预防老年痴呆,要多运动,多用脑,多接触社会。

第九条:要理解和关怀精神心理疾病患者,不歧视,不排斥。

第十条:用科学的方法缓解压力,不逃避,不消极。

二、教师心理健康素养的现状

中科院国民心理健康评估发展中心于 2018 年 2 月至 3 月首次开展了全国性的国民心理健康素养调查,样本中包括 2434 名教育工作者,但是并未区分不同类型的教师。为了更准确地了解中小学教师心理健康素养现状,为心理健康素养提升培训提供实证支撑,我们对国内中小学教师心理健康素养进行调查。

1. 调查工具

本次调查同样采用中科院国民心理健康评估发展中心编制的国民心理健康素养量表,量表卷包括知识、行为/技能、信念/态度三个维度。其中知识维度不仅评估被试心理疾病相关的预防、识别与治疗知识,还评估被试心身健康关联、危机干预与自杀预防、儿童心理健康及心理健康基本知识与原理。该维度包括 50 道判断题,每题 2 分,得分范围为 0—100 分,得分越高代表正确率越高,即心理健康知识水平越高。行为/技能维度以情绪调节为核心,评估被试情绪觉察和调节的技能,包括情绪觉察、认知重评、人际支持、分心术。该维度包括 14 道题目,采用 1—4 点计分方式,均值得分范围为 1—4 分,得分越高代表被试心理行为/技能的能力越强。信念/态度维度评估被试对心理健康的重视程度。该维度包括 3 道题目,采用 1—4 点计分方式,均值得分范围为 1—4 分,得分越高代表被试越重视心理健康。

2.调查对象

本次调查共回收 466 份问卷，其中小学教师 112 人，初中教师 172 人，高中教师 182 人，详细人口统计学特征如表 4－3。

表 4－3　调查对象的特征

特征		小学		初中		高中		合计
		n	%	n	%	n	%	
性别	女性	80	26.5%	108	35.8%	114	37.7%	302
	男性	32	19.5%	64	39.0%	68	41.5%	164
年龄	25 岁以下	10	16.9%	26	44.1%	23	39.0%	59
	25—35 岁	24	18.2%	48	36.4%	60	45.5%	132
	35—45 岁	34	23.8%	57	39.9%	52	36.4%	143
	45 岁以上	44	33.3%	41	31.1%	47	35.6%	132
合计		112	24.0%	172	36.9%	182	39.1%	466

3.调查结果

(1)总体情况

由表 4－4 可知，中小学教师心理健康知识总分均值为 78.27 ± 8.65，与中科院 2018 年对教育工作者的调查结果相比无显著差异（$t = 1.46, p > 0.05$）。

表 4－4　中小学教师心理健康素养

维度	子维度	M	SD	教育工作者
知识	总分	78.27	8.65	77.69
	心理疾病治疗	8.63	2.31	8.62
	心理疾病症状与识别	15.45	1.81	15.17**
	心理疾病成因与预防	13.85	2.00	13.53**
	心身健康关联	5.90	1.60	5.52**
	危机干预与自杀预防	7.17	1.82	7.10
	儿童保护	9.79	1.61	9.64**
	儿童教育	6.88	2.25	7.15**
	基本知识与原理	10.62	2.06	10.96**

维度	子维度	M	SD	教育工作者
行为/技能	情绪觉察	2.90	0.54	3.02**
	认知重评	2.57	0.47	2.70**
	人际支持	2.36	0.54	2.45**
	分心术	2.63	0.48	2.73**
信念/态度	心理健康意识	3.60	0.36	3.69**

注：** 表示 $p < 0.01$。

我们比较了中小学教师与教育工作者在知识、行为/技能、信念/态度方面的差异。

在知识上，中小学教师在心理疾病症状与识别（$t = 3.29, p < 0.01$）、心理疾病成因与预防（$t = 3.40, p < 0.01$）、心身健康关联（$t = 5.16, p < 0.01$）、儿童保护（$t = 5.26, p < 0.01$）等方面显著高于教育工作者；在儿童教育（$t = -2.63, p < 0.01$）和基础知识与原理（$t = -3.59, p < 0.01$）方面显著低于教育工作者；在心理疾病治疗（$t = 0.06, p > 0.05$）和危机干预与自杀预防（$t = 0.85, p > 0.05$）方面与教育工作者差异不显著。

在行为/技能上，中小学教师情绪觉察（$t = -4.93, p < 0.01$）、情绪重评（$t = -6.15, p < 0.01$）、人际支持（$t = -3.64, p < 0.01$）、分心术（$t = -4.32, p < 0.01$）显著低于教育工作者。

在信念/态度上，中小学教师心理健康意识（$t = -5.24, p < 0.01$）显著低于教育工作者。

我们进一步计算了中小学教师在不同维度上的得分率。如图 4-1 所示，中小学教师仅在心理疾病症状与识别、儿童保护、心理健康意识三个维度的得分率高于 80%，其他维度的得分率低于 80%。

（2）性别差异

我们比较了中小学教师心理健康知识、行为/技能、信念/态度的性别差异。在知识上（图 4-2），女性教师心理健康素养总分显著高于男性教师（$t = 3.48, p < 0.01$）；心理疾病成因与预防（$t = 3.66, p < 0.01$）、心身健康关联（$t = 2.43, p < 0.01$）、危机干预与自杀预防（$t = 2.48, p < 0.01$）、儿童教育（$t = 2.58, p < 0.01$）得分显著高于男性教师；心理疾病治疗（$t = 1.80, p > 0.05$）、心理疾病症状与识别（$t = 1.14, p > 0.05$）、儿童保护（$t = 1.50, p > 0.05$）、基本知识与原理

（$t=0.63, p>0.05$）得分与男性教师差异不显著。

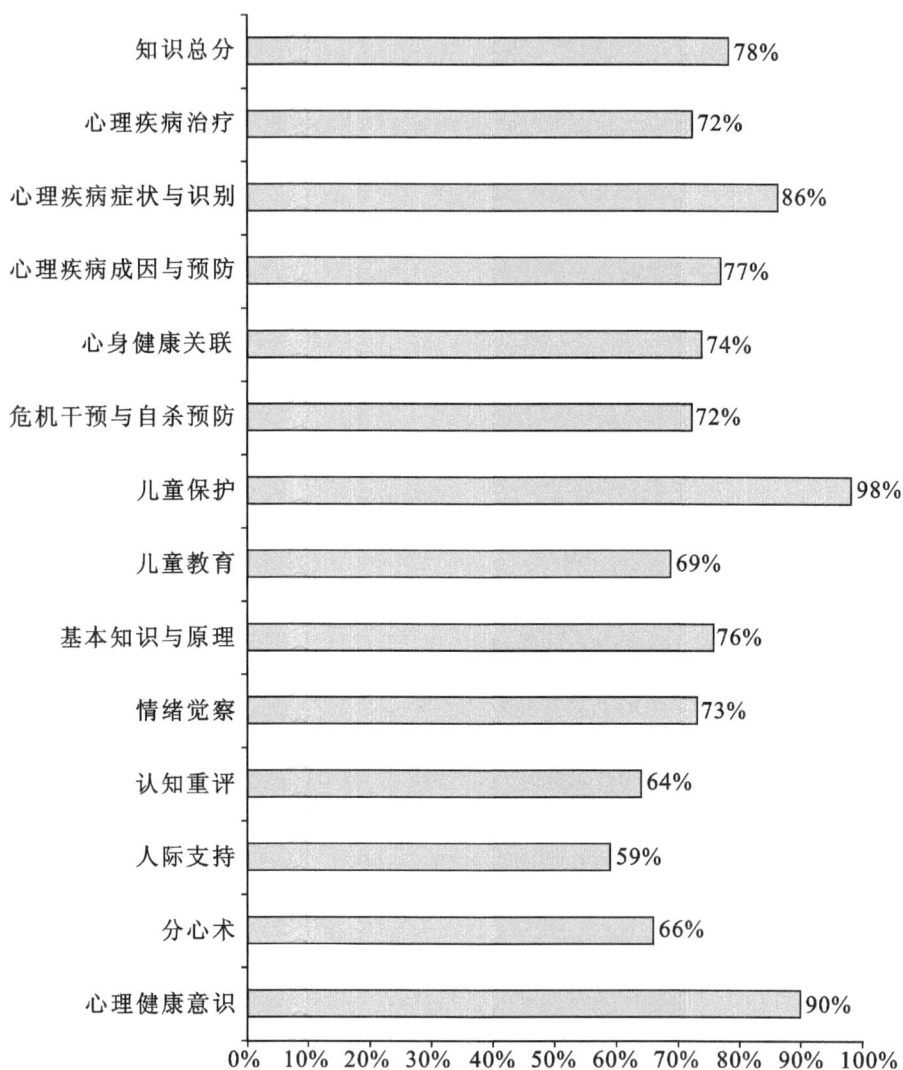

图 4-1　中小学教师心理健康素养的得分率

在行为/技能上（图 4-3），女性教师认知重评（$t=3.05, p<0.01$）和分心术（$t=2.14, p<0.05$）得分显著高于男性教师；情绪觉察（$t=1.64, p>0.05$）和人际支持（$t=1.03, p>0.05$）得分与男性教师差异不显著。

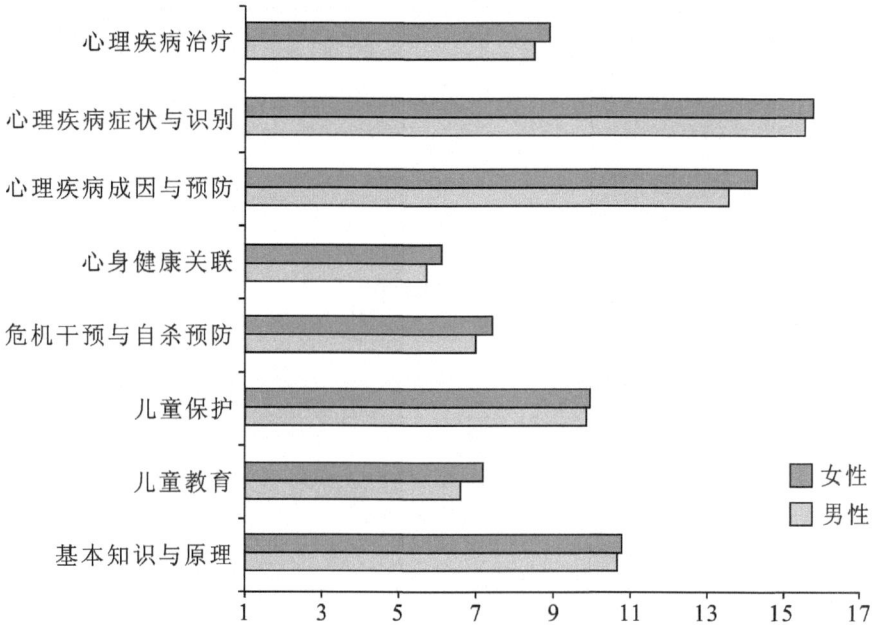

图 4 - 2　心理健康知识的性别差异

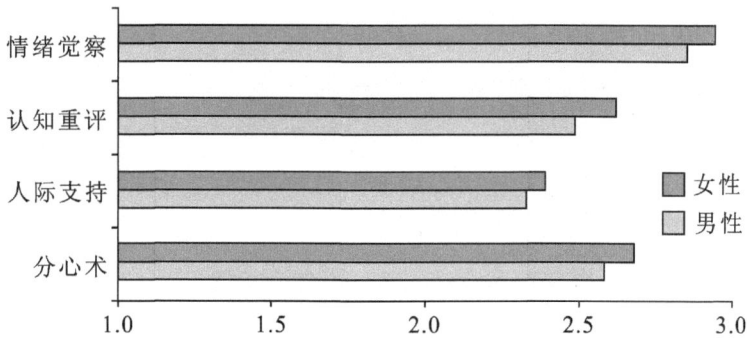

图 4 - 3　心理健康行为/技能的性别差异

在信念/态度上,女性教师与男性教师差异不显著($t = 1.55, p > 0.05$)。

(3)年龄差异

我们比较了中小学教师心理健康知识、行为/技能、信念/态度的年龄差异。在知识上(图 4 - 4),不同年龄段教师心理健康素养总分差异不显著($F_{(3,462)} = 0.89, p > 0.05$)。心理疾病症状与识别($F_{(3,462)} = 2.74, p < 0.05$)和心身健康关联($F_{(3,462)} = 3.52, p < 0.05$)存在显著的年龄差异。事后检验结果表明,25 岁以下教师的心理疾病症状与识别得分显著低于 25—35 岁和 45 岁以上教师,其他

组别之间差异不显著;25 岁以下教师的心身健康关联得分显著低于 25—25 岁、35—45 岁及 45 岁以上教师,其他组别之间差异不显著。心理疾病治疗($F_{(3,462)}$ = 0.18, $p > 0.05$)、心理疾病成因与预防($F_{(3,462)}$ = 1.78, $p > 0.05$)、危机干预与自杀预防($F_{(3,462)}$ = 0.45, $p > 0.05$)、儿童保护($F_{(3,462)}$ = 1.58, $p > 0.05$)、儿童教育($F_{(3,462)}$ = 1.31, $p > 0.05$)、基本知识与原理($F_{(3,462)}$ = 0.72, $p > 0.05$)年龄差异不显著。

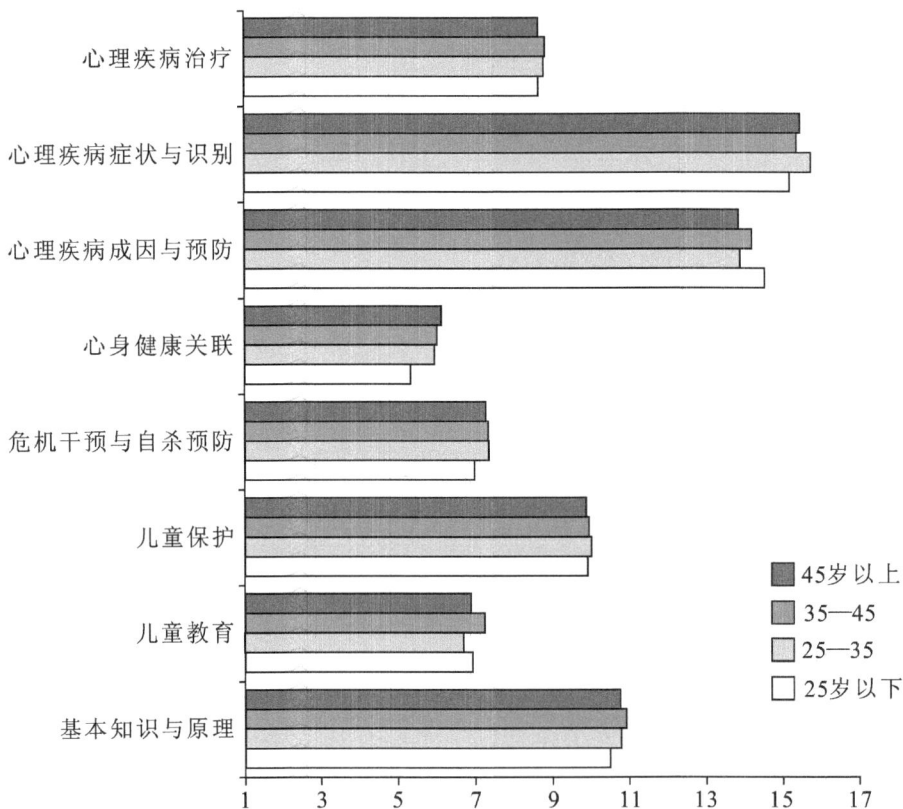

图 4 - 4　心理健康知识的年龄差异

在行为/技能上(图 4 - 5),不同年龄段教师情绪觉察($F_{(3,462)}$ = 3.00, $p < 0.05$)、人际支持($F_{(3,462)}$ = 3.23, $p < 0.05$)、分心术($F_{(3,462)}$ = 3.50, $p < 0.05$)存在显著差异;认知重评差异不显著($F_{(3,462)}$ = 2.41, $p > 0.05$)。事后检验结果表明,25 岁以下教师情绪觉察、人际支持、分心术得分显著低于 25—25 岁、35—45 岁及 45 岁以上教师,其他组别之间差异不显著。

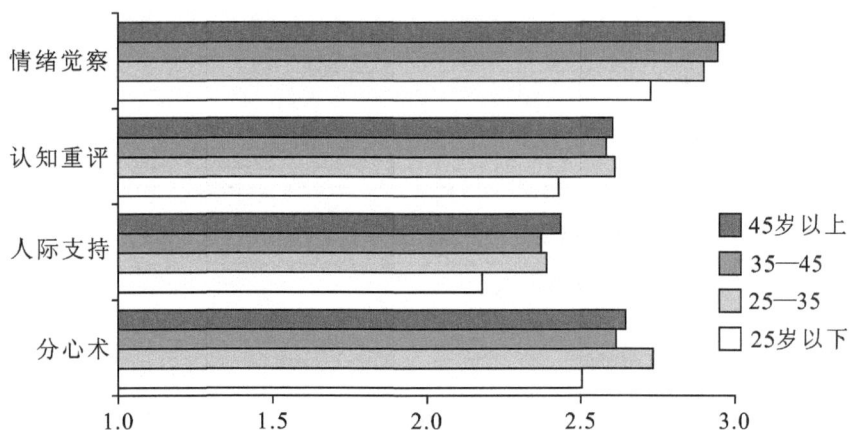

图 4 - 5　心理健康行为/技能的年龄差异

在信念/态度上,不同年龄段教师存在显著差异($F_{(3,462)} = 5.92, p < 0.01$)。事后检验结果表明,25 岁以下教师显著低于 25—25 岁、35—45 岁及 45 岁以上教师,其他组别之间差异不显著。

(4)学段差异

我们比较了中小学教师心理健康知识、行为/技能、信念/态度的学段差异。在知识上(图 4 - 6),不同学段教师心理健康素养总分差异不显著($F_{(3,462)} = 1.58, p > 0.05$)。儿童保护存在显著差异($F_{(3,462)} = 3.41, p < 0.05$);心理疾病治疗($F_{(3,462)} = 0.79, p > 0.05$)、心理疾病症状与识别($F_{(3,462)} = 0.31, p > 0.05$)、心理疾病成因与预防($F_{(3,462)} = 1.81, p > 0.05$)、心身健康关联($F_{(3,462)} = 0.14, p > 0.05$)、危机干预与自杀预防($F_{(3,462)} = 0.32, p > 0.05$)、儿童教育($F_{(3,462)} = 2.27, p > 0.05$)、基本知识与原理($F_{(3,462)} = 1.77, p > 0.05$)差异不显著。事后检验结果表明,小学教师儿童保护得分与初中和高中教师差异显著,而初中教师和高中教师差异不显著。

在行为/技能上(图 4 -7),不同年龄段教师情绪觉察($F_{(3,462)} = 1.07, p > 0.05$)、认知重评($F_{(3,462)} = 2.53, p > 0.05$)、人际支持($F_{(3,462)} = 2.15, p > 0.05$)差异不显著;分心术($F_{(3,462)} = 3.63, p < 0.05$)差异显著;事后检验结果表明,小学教师分心术得分显著低于高中教师,初中教师与高中教师之间差异不显著。

在信念/态度上,不同学段教师存在显著差异($F_{(3,462)} = 2.99, p < 0.05$)。事后检验结果表明,小学教师心理健康意识得分显著低于高中教师,初中教师与高中教师之间差异不显著。

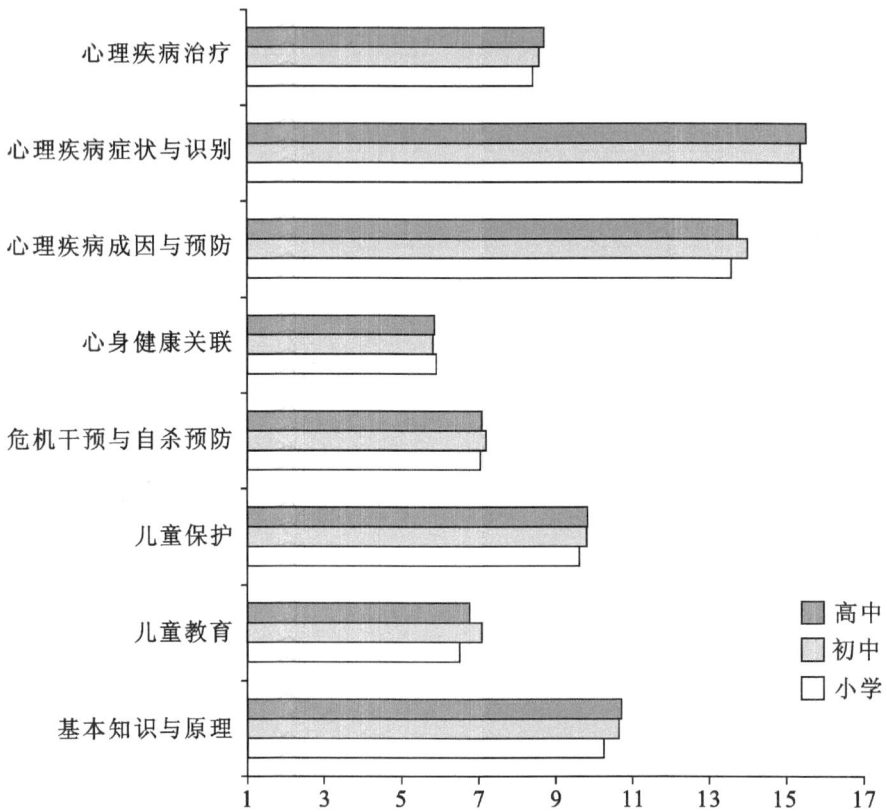

图 4-6　心理健康知识的学段差异

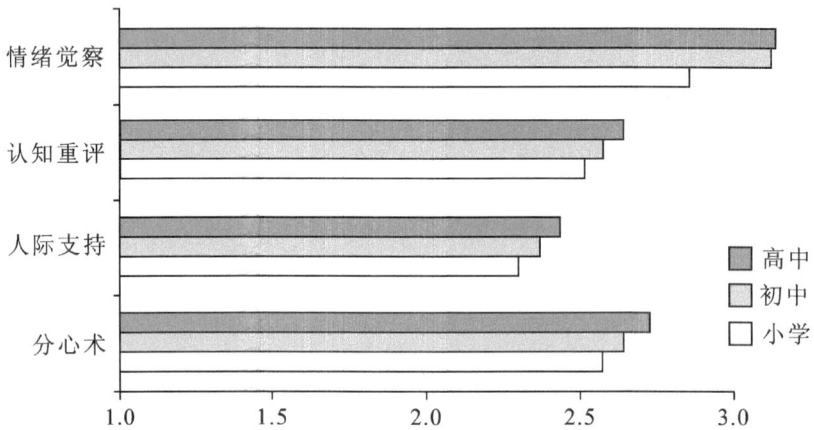

图 4-7　心理健康行为/技能的学段差异

4. 现状与问题

中小学教师肩负着为国育才、为党育人的重要历史使命,高水平的心理健康素养有利于教师及早识别自己和学生的心理疾病和潜在风险,减少病耻感,及时寻求有效的支持和干预,从而提高自己和学生的心理健康水平。了解教师群体的心理健康素养现状,准确把握他们在心理健康知识、行为/技能、信念/态度等方面的短板和不足,才能为促进教师心理健康素养指明方向。本研究调查结果表明,中小学教师总体上心理健康素养良好,这与其职业特征和社会期望完全相符。但是,本研究同样发现教师心理健康素养存在一些突出的问题。

第一,中小学教师系统接受过教育学、心理学等专业训练,对心理健康知识的掌握程度较好,但是在某些方面仍然存在有待提升的短板,需要更好的知识储备,其中比较突出的是心理疾病治疗、心身健康关联、危机干预与自杀预防、儿童教育等方面,这些方面知识的缺乏可能对教育教学带来诸多不便。

第二,中小学教师心理健康素养存在失衡的现象,其中心理健康知识方面得分较高,但是心理健康行为/技能和信念/态度方面得分偏低,说明中小学教师可能存在"知易行难"的问题,对于这一问题我们绝对不能掉以轻心。一方面,以往研究发现,心理健康素养得分与心理健康水平相关不显著,即掌握心理健康知识并不必然能够维护或提升个体的心理健康水平,前者更可能是后者的必要条件而不是决定因素。陈祉妍等发现,心理健康知识得分与心理健康水平不存在显著相关,而心理健康行为/技能才是心理健康素养中影响个体心理健康状况的关键因素。另一方面,从学习的角度来讲,掌握心理健康知识相对比较容易,而获得维护或提升心理健康的行为或技能难度更大,我们需要对此有足够清醒的认识。例如,个体需要通过系统学习和专业培训才可能掌握认知重评、情绪调控等专业技能。因此,教师应该在学习心理健康知识的基础上掌握有益于心理健康的行为技能。

第三,中小学教师心理健康素养存在群体差异。首先,女性心理健康素养水平优于男性,这与以往研究基本一致(明志君等,2020)。其次,25岁以下教师心理健康素养在某些方面低于其他年龄段教师。最后,小学教师心理健康素养在某些方面低于初中或高中教师。未来研究者需要进一步探讨心理健康素养群体差异的产生原因,据此设计针对性更强的教育活动。

三、教师心理健康素养的提升

1. 心理健康促进行动的目标与差距

2019年发布的《健康中国行动(2019—2030年)》将"心理健康促进行

动"作为十五项专项行动之一，其行动目标包括：

目标1：到2022年和2030年，居民心理健康素养水平提升到20%和30%；

目标2：失眠患病率、焦虑障碍患病率、抑郁症患病率上升趋势减缓；

目标3：每10万人口精神科执业（助理）医师达到3.3名和4.5名；

目标4：抑郁症治疗率在现有基础上提高30%和80%；

目标5：登记在册的精神分裂症治疗率达到80%和85%；

目标6：登记在册的严重精神障碍患者规范管理率达到80%和85%；

目标7：建立精神卫生医疗机构、社区康复机构及社会组织、家庭相互衔接的精神障碍社区康复服务体系，建立和完善心理健康教育、心理热线服务、心理评估、心理咨询、心理治疗、精神科治疗等衔接合作的心理危机干预和心理援助服务模式。

目标8：提倡成人每日平均睡眠时间为7—8小时；

目标9：鼓励个人正确认识抑郁和焦虑症状，掌握基本的情绪管理、压力管理等自我心理调适方法；

目标10：各类临床医务人员主动掌握心理健康知识和技能，应用于临床诊疗活动中。

该行动第一项结果性指标是提升居民心理健康素养水平，可见提升教师心理健康素养在提升教师心理健康水平中扮演着极其重要的角色。2021—2022年，中科院国民心理健康发展评估中心采用国民心理健康素养量表对全国21876名中小学教师进行调查。该量表由判断题、自我评估题、案例题三部分组成，分值范围分别为0—100分、8—32分、0—40分。个体如果同时满足：①判断题总分≥80分；②自我评估题总分≥24分；③案例题总分≥28分，即可认为心理健康素养达标。中小学教师心理健康素养达标率如表4－5所示。

表4－5　中小学教师心理健康素养达标率

中小学教师特征		达标率	与行动目标的差距	
			2022年	2030年
总体		15.8%	－4.2%	－14.2%
性别	男	9.7%	－10.3%	－20.3%
	女	17.2%	－2.8%	－12.8%

中小学教师特征		达标率	与行动目标的差距	
			2022 年	2030 年
年龄	30 岁及以下	21.6%	1.6%	−8.4%
	31—40 岁	16.3%	−3.7%	−13.7%
	41—50 岁	12.7%	−7.3%	−17.3%
	51 岁以上	9.3%	−10.7%	−20.7%
学历	大专及以下	9.6%	−10.4%	−20.4%
	本科	17.3%	−2.7%	−12.7%
	硕士及以上	22.6%	2.6%	−7.4%

由表4−5可知,中小学教师心理健康素养达标率为15.8%,远未达到心理健康促进行动提出的目标,其中男性教师心理健康素养达标率显著低于女性教师;年龄越大,心理健康素养达标率越低;学历越低,心理健康素养达标率也越低。这与我们对中小学教师心理健康素养的调查结果基本上是一致的。

该行动的目标2和目标9与常见心理疾病的识别和处理有关。2018年中科院国民心理健康发展评估中心调查了教育工作者对15种常见心理疾病的知晓率。图4−8结果表明,教育工作者对常见心理疾病,如抑郁症、焦虑症、精神分裂症、强迫症等,知晓率较高;但对某些心理疾病,如惊恐障碍、疑病症、读写困难等,知晓率较低。有两点值得注意。第一,知晓率较低的某些心理疾病与学生学习高度相关。比如,我国小学生读写困难者占10%左右,而教育工作者对该疾病的知晓率仅为50.3%,这意味着教师可能将学生读写困难误解为学习态度等问题,从而不利于教师为其提供更好的教育方式,甚至可能打击学生学习积极性。第二,知晓率表示教师是否听说过这种心理疾病,不代表他们清楚该种疾病的特征,更不代表他们能够准确识别并正确处理这种疾病。如果采取更加严苛的标准,教师心理健康素养与目标9提出的"鼓励个人正确认识抑郁和焦虑症状,掌握基本的情绪管理、压力管理等自我心理调适方法"可能还存在较大的差距。

该行动的目标8与睡眠时间和质量有关。杨铮等(2022)采用匹兹堡睡眠质量指数量表(PSQI)对广东省14218名中小学教师的睡眠质量进行调查,发现教师入睡困难、难以维持睡眠、早醒、睡眠质量差、睡眠不足和总体睡眠障碍的流行率分别为8.0%、12.2%、8.2%、10.1%、31.7%和20.0%。马丹等(2015)同样采用PSQI量表对甘肃省850名教师的睡眠质量进行调查,发现睡眠质量

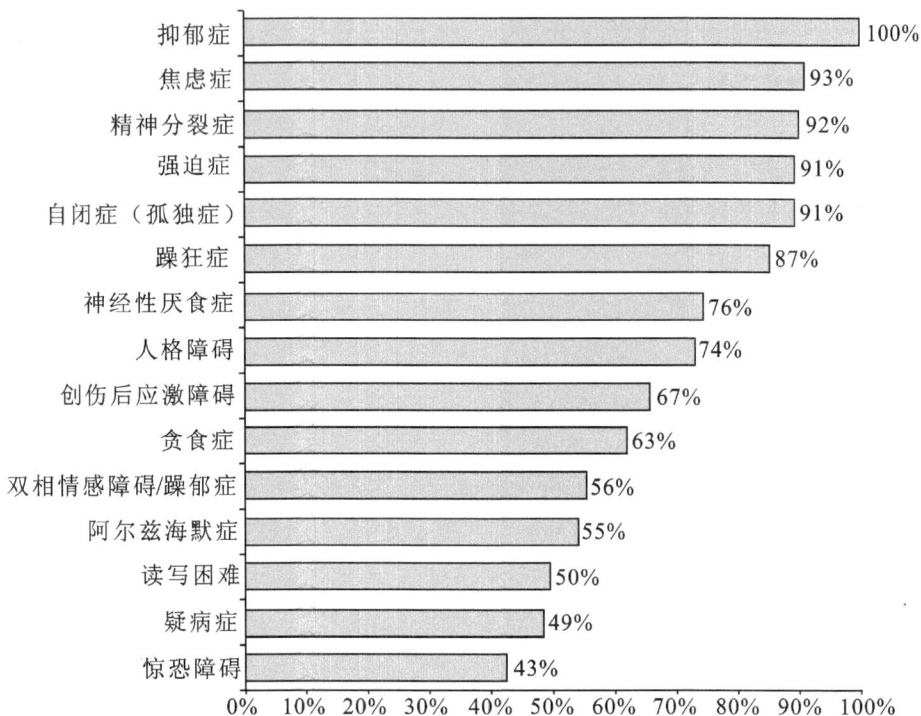

图4-8　教育工作者对常见心理疾病的知晓率

差的小学教师、初中教师、高中教师占比分别为64.16%、64.34%、63.64%。总体上，中小学教师大都存在一定程度的睡眠质量问题。

值得注意的是，国家层面的心理健康促进行动强调心理健康知识，这在一定程度上窄化了心理健康素养的内涵。就中小学教师而言，心理健康促进行动不能仅仅局限于使他们掌握相关的心理健康知识，更重要的是使他们能够应用这些知识维护或提升自己和学生的心理健康水平，进而使他们逐步形成积极乐观、健康向上、适应良好的心理品质。综上所述，提高中小学教师心理健康素养既是一项迫在眉睫的任务，又是一项任重道远的任务。

2.教师心理健康素养的提升措施

无论在个体层面还是在国家层面，教师心理健康素养的重要性是毋庸置疑的。心理健康素养是后天形成的，提升教师心理健康素养不仅是提升教师心理健康水平的前提条件，也是实现"健康中国"战略的内在要求。目前心理健康素养提升途径主要有两条：

其一是国家层面的心理健康素养项目。比如，英国为抵抗病耻感推出了"就此改变"运动；澳大利亚开展了"心理健康急救"项目，为有心理健康问题或心理危机的个体在接受专业帮助或危机解决之前提供急救援助;欧洲反抑郁联盟开展了"优化自杀预防计划及在欧洲实施"项目。中国从 2019 年开始实施心理健康促进行动,通过开展大众心理健康促进与宣传教育、建立健全心理健康服务体系、加强心理危机干预和心理援助工作、建立健全精神卫生综合管理机制、建立完善精神障碍社区康复服务体系、开展心理健康素养监测、加强心理健康服务队伍建设、支持开展心理健康相关科学研究等方式提升民众心理健康素养。

其二是个体层面的干预措施,其中最常见的干预措施是各种形式的教育和讲座。任志洪等(2020)以心理健康素养知识、污名态度和求助为结果变量考察不同干预措施的效果,结果发现教育讲座、团体辅导等方式能够显著提高普通公众的心理健康素养知识。随着网络的兴起,各种自助式 APP 如雨后春笋般蓬勃发展,在传播心理健康知识、倡导健康生活方式、提升全民心理健康素养、培育良好社会心态中发挥越来越重要的作用。比如,澳大利亚国立大学基于认知行为疗法研发的"情绪健康房"能够有效地缓解抑郁、焦虑等情绪问题。以往的研究进一步发现,如果这些 APP 能够包含结构化的程序、基于循证或为特定人群量身定制的内容、交互式和体验式学习等,对提升心理健康素养则更有效。王哲雨(2018)系统评估了国内常见的 12 款心理健康 APP,认为基于网络和手机 APP 的干预方式降低了干预费用,为更多的人提供心理健康促进的机会,但是对年龄较大、受教育程度较低的人存在一定局限,同时也缺乏面对面干预的交互式体验效果。

以往干预措施在提高心理健康知识水平、心理健康风险意识和应对能力等方面发挥了不可替代的作用。如何进一步提高心理健康素养干预措施的针对性和有效性以及如何将心理健康素养转化成积极的心理健康行为一直是政府部门和研究者关注的话题。Noar 等(2007)发现,大众媒体健康运动成功与否的关键在于以下七点:是否预实验、是否由理论驱动、是否以同质群体作为目标群体、是否专门针对该群体设计所提供的信息、是否选择恰当的媒体类型、是否反馈评价、是否评价效果。Kutcher 等(2016)认为,如果能够将基于实证的干预措施整合至干预系统,则更有利于促进教师心理健康素养的提升。国内各级政府花费大量人力、物力、财力提升包括中小学教师在内的广大民众的心理健康素养,我们需要思考的是如何更好地引导教师掌握心理健康知识,并将心理健康知识转化成健康的生活方式(翟宏堃等,2021)。

关于助推的研究为我们解决上述问题提供了思路。助推是 2017 年诺贝尔经济学奖获得者 Thaler 提出的概念,其基本观点是人是非理性的,可以通过提供适宜的、简约的、低成本的选择架构促使个体行为朝着期望的方向改变。助推式干预策略凭借其效果好、成本低等诸多优势，被政府部门广泛应用于健康、教育、环保、公益等领域。张宁等（2023）从政府—自我和认知—情境两个角度提出助推戒烟的行为干预策略。李佳洁等（2020）提出助推健康饮食行为的干预策略，其框架体系包括提供决策信息、改善决策选项、影响决策结构和提醒决策方向。傅鑫媛等（2019）从认知和动机的视角提出七种环保行为助推策略，其中认知视角的助推策略包括默认选项、框架效应和示范性规范；动机视角的助推策略包括激发家国动机、遗产动机、获益动机和自主动机。这些研究表明，与传统的胡萝卜（经济激励）和大棒（行政强制）策略相比，基于助推的干预措施不仅可以更有效地改变个体的行为，还可以将环境朝着强化健康习惯的方向进行改变。

以往心理健康素养的提升策略大多建立在"理性人"假设的基础上，侧重于通过教育培训等方式提高人们对心理疾病和健康促进的认识，并假设个体在掌握这些知识之后可以理性地权衡利弊，促使态度朝着期望的方向发生改变并表现出对心理健康有益的行为。这种假设的局限性表现为：

其一，绝大部分个体对心理疾病和健康促进的知识相对较少且不准确，因此他们更多依赖经验—直觉式的信息加工模式而不是理性—分析式的信息加工模式来进行决策，导致他们容易产生认知偏差，继而导致他们表现出有损心理健康的行为。

其二，即使个体拥有足够多的专业知识，他们最终的行为抉择还取决于其他因素的限制，如个体所处的情境、行为结果的成本—收益权衡等。比如，熬夜玩手机可以使个体获得短暂的强烈刺激，其收益是即时的、确定的、强烈的，而他们所需要支付的健康成本在某种程度上则是远期的、不确定的、模糊的，成本—收益失衡容易使人们缺乏相应的动机实施心理健康促进行为，知易行难。相应的心理健康素养助推行动可以从两个角度来提高现有策略的有效性：一是聚焦不合理行为背后的认知局限，通过助推策略避免出现认知偏差与选择反常；二是从动机入手，合理设计符合个体利益和社会福祉的选择架构，促进个体采取有益于心理健康的行为。

我国心理健康促进行动要服务于当前国民心理健康的需求，适应社会、经济、文化的快速发展变化，最终建立起长效的社会心理服务体系。对于政府部门来讲，如果能够将心理层面的助推策略融入由政府主导的宏观公共政策，充分发挥两者的优势，可能更有效地提高中小学教师对心理疾病和心理健康的认知，积极接纳心理问题，主动应对心理疾病和自我调适，或许可能让更多的教师获益。

第五章　教师心理和行为的感染效应

随风潜入夜,润物细无声。教师在教育教学活动中的一言一行、一举一动都有可能对学生产生潜移默化的感染效应。感染是一个比较宽泛的概念,泛指个体情绪、认知、态度、行为引发他人表现出相同或类似的情绪、认知、态度、行为的跨人际传递过程。师生关系在很大程度上是一种不对等的社会关系,学校教育普遍以班级为基本单位,教师与学生通常以一对多的形式开展教育教学活动,因此教师在师生关系中发挥着更加主导的作用,这是由教师在教育教学活动中的主导地位所决定的,而我国尊师重道的传统习俗加强了教师的权威地位。儿童心智尚未成熟,教师作为人类灵魂的工程师,其学识、才能、情感、人格是儿童重要的模仿对象,因此教师对学生具有天然的影响力。

本章首先对教师心理和行为的感染效应的表现形式和发生机制进行归纳和评析,在此基础上探讨教师情绪和压力对学生的感染效应。

一、感染效应概述

班杜拉的波波玩偶实验开启了儿童社会学习的先河。当儿童看到成人对玩偶施加暴力时,他们往往也会有样学样,模仿成人打、踢、扔波波玩偶,这是儿童通过观察和模仿来主动学习新的行为的早期例证。受波波玩偶实验的启发,教育学界开始关注教师心理和行为对学生的感染效应。严格意义上的感染效应强调研究变量的一致性,即教师情绪、认知、态度、行为引发学生表现出相似或相同的情绪、认知、态度、行为。但是也有一些研究并未严格强调这种一致性,而是泛指教师对学生的影响,这是因为从心理测量学的角度来看,同一心理和行为在教师和学生群体中的内涵和外延可能并不完全一致。

目前国内外研究者对感染效应的理解尚存在分歧。比如,Hatfield 和 Barsade 使用感染一词来描述"捕捉他人情绪,包括情绪评价、主观感受、情绪表达、模式化心理过程、动作倾向和特定行为等的过程"(张奇勇等,2013)。在组织心理学中,与感染相似的概念包括交叉(crossover)和传递(transmission)。交叉特指个体体验到的压力和紧张及其后果,包括身心紧张、抑郁、焦虑等,在人与人之间的传递(王贝等,2012),比如工作压力在夫妻或同事之间的相互影响。传递特指从高层级主体到低层级主体、自上而下的影响过程,比如孝道在家庭内部由长及幼的代际传递。虽然这些概念在措辞和表达上有所侧重,但是至少在以下两个方面是完全一致的:一是双方情绪、认知、态度、行为等逐渐趋于一致;二是人际接触和互动是产生这种一致性的必要条件。英文"contagion"一词源于拉丁语"contagio",意指来自接触,就形象地说明了这个前提条件。

我们以 contagion、crossover、transmission、trickle – down、cascading 及对应的中文关键词检索文献,根据研究变量的本质属性,从情绪、压力、动机、行为四个方面对教师感染效应的表现形式和发生机制进行归纳和评析。

1. 情绪感染

Barsade(2002)将人形容成"走动的情绪效应器",对于教师更是如此。教师在课堂教学或与学生的日常交流中表现出各种各样的、几乎包括人类所有可能经历的情绪体验(Frenzel et al.,2021),如愉悦、自豪、愤怒、愧疚、焦虑等,其中表现频率最高的是愉悦,表现频率最低的是愤怒,这是由其职业特征所决定的。情绪是教学情境必不可少的组成部分。情感教学心理学认为,教师、学生和教材是教学情境的三个静态情感源点,而当师生之间围绕教材展开教学活动时,动态情感由此被激活并在师生之间产生三条流动回路:认知信息传递中的情感交流回路、人际关系中的情感交流回路以及情感自控回路,从而构成教学中情感交流的动态网络(卢家楣,2006)。

常识性经验告诉我们,如果教师情绪积极,表情亲切自然、精神饱满、声音洪亮,学生自然就会像教师一样以积极高昂的情绪投入到学习中;如果教师情绪消极,萎靡不振,愁眉苦脸,垂头丧气,往往也会使学生感觉失落、低沉。郭惠智(1985)曾经这样生动地描述教师情绪的感染效应:"教师的积极情绪对学生具有强烈的感染力,教师的消极情绪也会像瘟疫一样很快传染给学生。学生就像小孩子一样,你笑,他的嘴就咧开了,你愁,他的笑容就被轻轻抹去了。教师的积极情绪影响到学生,学生就积极地听讲,积极地思考问题。学生的情绪高涨又反作用于教师,使教师思路开阔,头脑敏捷,讲授中左右逢源。反过来,教师情绪低落,就会使学生无精打采,萎靡不振。教师看到学生这般模样就会使情绪趋于恶化。这是教学中情绪的恶性循环。"

以往研究者大多关注教师积极情绪的感染效应。Bakker等(2005)研究了音乐教师心流体验对学生心流体验的影响。心流是指人们全神贯注投入某种活动时所表现的心理状态,这种心理状态往往伴随着抗拒中断、高度兴奋及充实感。结果表明,教师心流体验与学生心流体验、喜悦、内在动机等呈显著正相关,教师心流体验可能通过两种途径促进学生心流体验:一是学生自动模仿教师的行为;二是心流体验使教师投入更多的时间与精力到课堂中,使学生感受到教师对工作的激情与奉献,继而促进他们也产生心流体验。这两条途径在Becker等(2014)的后续研究中也得到证实。他们发现学生知觉的教师情绪(欢乐、愤怒、焦虑)和教学指导行为能够显著地预测学生情绪,在控制教学行为后教师情绪仍然与学生情绪呈显著正相关。教学指导行为可以解释10%的学生情绪变异,教师情绪额外可以解释6%—11%的学生情绪变异。

Frenzel等(2009)研究了数学课堂中教师情绪对学生情绪的感染效应。该研究基于情绪的社会认知理论,假设热情是教师喜悦情绪诱发学生喜悦情绪的关键中介机制。社会认知包括两个基本维度,分别为热情与能力。热情是个体对知觉对象是否友好、真诚、可信、可敬等方面的意图的感知;而能力则是个体对知觉对象是否有能力、技能、效率实现该意图的能力的感知(佐斌等,2015)。研究者两次收集了教师和学生的数学课堂情绪,发现控制学生数学课堂喜悦情绪的基准水平之后,教师喜悦水平和热情仍能显著预测学生喜悦水平,说明如果学生在课堂上能够观察到教师喜悦的外部表现,那么他们更可能展现出喜悦情绪。类似的结果也在更广泛的中学情境(Frenzel et al.,2018)、高等院校(Channa et al.,2019)、成人情境(Moskowitz et al.,2021)中得到验证。

教师消极情绪同样具有感染效应。Tam等(2020)采用经验取样法对香港学生和教师连续调查两周,发现学生知觉的教师无聊显著地正向预测学生无聊。有意思的是,教师自我报告的无聊水平既与学生知觉的教师无聊水平相关不显著,即学生可能并不能准确觉察教师是否无聊;也与学生无聊水平相关不显著,即学生对教师无聊情绪的知觉,而不是教师无聊情绪本身,诱发他们对学业产生无聊情绪。因此,课堂情境中的情绪感染可能是由个体对教学情境的社会建构而不是单纯的观察模仿引发的。

以往研究者还探讨了实验情境中教师情绪对学生情绪的感染效应。张奇勇(2014)采用实验法研究了仿真课堂情境中情绪感染的发生机制及其调节模型。结果表明,学生自身的情绪状态、关注焦点、先验观念等在情绪感染中发挥着重要作用。学生在快乐状态下容易感染教师的积极情绪,在焦虑状态下对教师的消极情绪具有一定的免疫力。当学生专注于教学内容时,教师情绪感染力削弱;但是当他们专注于教师表情时,教师情绪感染力增强。当学生不能合理解释教师情绪的原因时,教师情绪感染力大大削弱。虽然实验法可以排除一些无关干扰,使因果关系更加明确,但是实验情境毕竟不等于真实的教学情境,可能存在生态学效度的问题,实验结果是否适用于真实教学情境还不清楚。

Xie 等(2022)比较了东西方文化背景下学生知觉的教师快乐对学生阅读快乐的预测作用,该研究数据来源于国际学生评价项目,其中西方国家包括美国、英国、澳大利亚、新西兰等,东方国家包括中国、新加坡、日本、韩国等。研究结果表明,学生知觉的教师快乐与其阅读快乐呈显著正相关,而且阅读快乐的感染效应并不存在显著的东西方文化差异。

教师情绪感染具有两个明显的特征。

第一,教师在教育教学情境中的情绪体验和表达具有非常强的情境性,离开这种情境谈论情绪感染是毫无意义的,这是区别于一般情绪感染的重要特征之一。张奇勇等(2013)区分了"原始性情绪感染"和"意识性情绪感染",前者是一个"察觉—模仿—反馈—情绪"的无意识的、自动化过程;而后者是通过对他人情绪的认知、比较,最终纳入他人情绪的过程,强调认知在情绪感染中的重要作用,自动化程度较低。教师情绪感染还应该考虑个体更宏观的社会建构过程,以及社会认知和社会互动在其中的重要作用。与此相对应,研究者可以采取日重法、经验取样法等短期追踪探讨较短时间内状态性情绪的感染效应,也可以采用间隔数月甚至数年的长期追踪研究探讨较长时间内特质性情绪的感染效应。

第二,虽然教师在课堂教学或与学生日常交流过程中可能表现出各种各样的情绪,其中表现频率最高的是愉悦,表现频率最低的是愤怒,这是由其职业特征所决定的,即教师情绪表达必须遵循一定的社会规则。情绪劳动是教师情绪表达和调节的重要特征,是指个体在工作时需要表现出某种特定的、符合工作角色要求的情绪,如服务员需要对顾客表现得有礼貌、有耐心,即使被顾客惹怒了也要对他们笑脸相迎。当教师觉察到自己的情绪表达与规则要求不一致时,他们可能改变外部表现,如调整表情、姿势、语调等;也可能通过自我说服、想象等手段,调整自己内心的真实感受,并表现出符合规则的情绪。前者被称为表层扮演,后者被称为深层扮演。以往研究表明,学生感知的教师情绪和教师报告的教师情绪可能具有不同的感染效应,其差异值得进一步关注。

因此,教师情绪的感染效应是一个非常重要但又极其复杂的现象。根据以往研究,我们将教师情绪的感染途径总结为图5-1。第一条途径是直接感染途径,即学生通过无意识的模仿或有意识的认知评价而体验到与教师相同的情绪,如张奇勇(2013)提出的通过"感觉情绪信息→觉察→无意识模仿→生理反馈→情绪"自下而上的情绪感染过程以及通过"高级情绪信息→高级认知系统→生理反馈→情绪"自上而下的情绪感染过程。第二条途径是通过教师或学生的行为/认知的间接感染途径。如Frenzel等(2009)研究发现,教师喜悦情绪通过教师教学热情间接地影响学生喜悦情绪。Becker等(2014)等发现,教师情绪通过其教学指导行为影响学生情绪。一个较少关注的问题是,学生情绪可能反过来影响教师情绪,即情绪在师生之间可能存在一个双向影响、双向强化的过程,教师情绪既是学生情绪的诱因,而学生情绪反过来又可能进一步强化教师情绪。

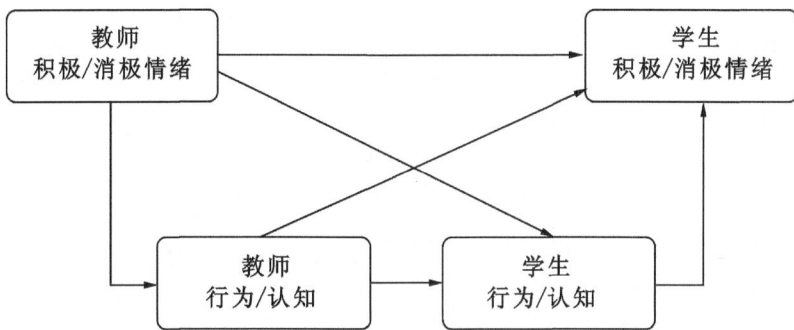

图5-1　教师情绪的感染途径

2.压力感染

在工作压力研究领域,研究者倾向于使用"交叉"这一概念来描述发生在个体之间的压力、紧张及其后果,包括抑郁、焦虑等的跨人际传递过程。Westman(2001)提出三种可能的交叉机制:移情反应机制、社会互动机制、共同压力源机制。其中移情反应机制类似于情绪感染,是指一方由于同情另一方感受到的压力和紧张,从而使自己也产生了相似的压力和紧张反应。社会互动机制是指一方的压力和紧张导致他们在与他人的社会互动中表现出更多的社会贬损行为,从而导致另一方也产生类似或相同的压力和紧张反应。共同压力源机制是指双方拥有共同的压力源,从而使双方表面上表现出相似或相同的压力和紧张反应,这其实并不属于严格意义上的交叉效应。共同压力源类似于统计学中的第三变量,两个变量之间的相关并不意味着它们之间真正存在关系,而可能是由于他们都与某个第三变量有关。比如,升学率可能同时使教师和学生倍感压力,升学率即为共同压力源,使教师压力和学生压力表面上呈显著正相关。

教师作为一个特殊的职业群体,其职业心理健康一直备受教育研究者和管理者的高度关注。工作倦怠代表职业心理健康的消极面,是指个体长期处于紧张的工作压力状态而形成的一种综合征,包括情绪衰竭、去人性化、个人成就感降低三个维度。工作投入代表职业心理健康的积极面,是指个体在工作中表现出的一种积极的、完满的融入状态,包括活力、奉献、专注三个维度。工作倦怠和工作投入是两个内涵恰好相反的概念,甚至被认为是工作状态的两极,比如工作倦怠的开拓者 Maslach 认为工作倦怠就是对工作投入的侵蚀。我们结合Westman 的交叉机制和资源保存理论的资源损耗和资源增益假设,提出教师工作倦怠和工作投入影响学生学习倦怠和学习投入的整合模型,如图 5-2 所示。

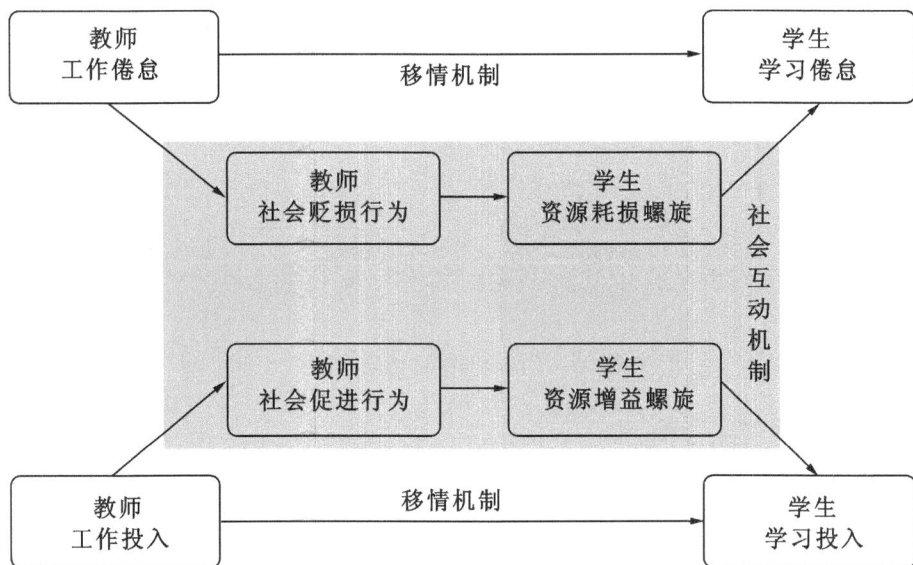

图 5-2　教师工作倦怠和工作投入的感染途径

在工业组织领域,工作倦怠和工作投入的跨人际传递现象已经在荷兰、美国、中国等国家的医生、教师、企业职员等群体中得到验证。在教育领域,以往的研究发现,工作倦怠可以从校长传递给教师,也可以从教师传递给其他教师或其配偶。因此,个体可能会把工作体验带入到与他人的社会互动中,继而促使他人产生相似或相同的体验。学生是教师的服务对象,师生之间交往密切,因此教师工作倦怠或工作投入也有可能自上而下地传递给学生,从而使学生产生学习倦怠或学习投入,继而对其身心健康、学习动机、学习行为、学习成绩等产生广泛而深远的影响。教师工作倦怠或工作投入的感染效应还可能使得学习倦怠或学习投入逐渐弥漫到整个班级,从而使班级形成特定的班风班貌和学习氛围。

从移情来看,教师是学生行为的塑造者,其言行举止是学生重要的观察学习对象,因此移情可能是教师工作状态影响学生学习状态的重要途径。心理学上的移情是指站在他人的立场上设身处地地体验他人的情感和态度。Schaufeli等归纳了倦怠个体在情绪、认知、生理、行为等方面的100余种表现和症状,典型表现和症状包括精疲力竭、沮丧、悲观、消极怠工等,它们可能通过无意识的模仿—反馈机制诱发学生表现出学习倦怠。与工作倦怠相反的是,工作投入使教师在工作中精力充沛、激情澎湃、亲切自然,通过其面部表情、语言、姿态等表达出愉悦、自豪、兴奋等积极情绪,这些表现也可能通过模仿—反馈机制使学生有意识或无意识地内化并表现出与此相同的积极情感、认知、态度、行为等。

从社会互动来看,工作倦怠可能使教师表现出三类消极的人际互动行为:其一是由于精力极度耗竭对完成工作任务心有余而力不足;其二是社会退缩,通过减少对工作的投入、怠工、旷工等退缩性应对机制对待工作要求;其三是消极的社会认知和自我评价,以消极、否定的态度看待自己和他人。教师的主要职责是教书育人,他们这些消极行为显然影响其教书育人效果。在"教书"方面,教师工作倦怠可能降低学生所能获取的学业资源,我们将此过程称之为"学业资源损耗"。教师由于精力耗竭或社会退缩导致他们无法正常履行教师职责,学生从教师处获得的资源减少,如教师情感/工具性社会支持、学习指导、教学反馈、沟通交流机会等,他们势必需要花费更多的精力到学习中用于弥补由教师缺位所带来的不利影响。在"育人"方面,教师工作倦怠不利于学生形成积极的心理品质,可能导致自尊和自我效能感受损,我们将此过程称之为"自我资源损耗"。这一方面是因为教师是学生的社会学习榜样,学生可能习得并内化教师的消极社会认知和自我评价倾向,另一方面是因为学生积极心理品质的发展依赖于教师持续不断的教育投入,但是高工作倦怠的教师倾向于采取退缩性的应对策略,不愿意投入时间和精力到工作中去,这显然不能满足学生自我发展的需求。

工作投入使教师在教育教学中表现出较多的积极行为,从而使学生从教师处获取更多的情感性和工具性资源,促进学生"学业资源增益"和"自我资源增益",这有利于他们更好地应对学业压力,促进其学习投入的发展。在"教书"方面,工作投入是教师高工作意愿和高工作能力的结合,使教师有较高活力与能量履行其教育教学职责。高工作意愿激励教师在工作中全力以赴,将更多时间和精力都投入工作;而高工作能力使教师精力充沛,在教育教学中保持高度谨敏、全神贯注。因此,学生可能从教师处获得更多的资源用以应对学业压力,如教师情感/工具性社会支持、学习指导、教学反馈、沟通交流等,我们将此过程称之为"学业资源增益"。在"育人"方面,教师工作投入有利于学生形成积极的心理品质,我们将此过程称之为"自我资源增益"。自我资源增益之所以发生,可能与以下两个方面有关:其一,高工作投入教师表现出的积极心理品质和自我评价为学生提供了良好的社会学习榜样;其二,高工作投入教师可能采取各种措施促进学生发展。学业资源和自我资源既有助于学生应对学业压力,解决实际学业问题,具有工具性效能;同时还能激励学生成长与发展,具有动机性效应,因此对学习投入存在积极影响。

3. 动机感染

动机感染是指动机定向在师生之间相互传递、相互影响的过程(柴晓运等,2011)。如果教师对教书育人兴趣浓厚、对未知事物新鲜好奇、对学生成长尽心负责,这种内部动机可能激发他们不断地更新教学理念和教学内容,在教育教学中表现出努力、自信、愉悦、轻松等姿态和语言,这将对学生具有极大的激励作用,促进他们积极跟进教师的思路,奋发图强,勇于探究。反过来,如果学生在课堂中表现出强烈的求知欲和上进心,也可能激发教师倾囊相授的愿望,他们努力学习的动机激发了教师努力教学的动机。

以往研究者主要从社会认知和教学互动的角度探讨教师动机的感染效应。Wild 等(1992)首次从社会认知的角度探讨了教师动机定向对学生钢琴学习动机的影响。实验结果表明,学生知觉到教师动机定向是外部动机定向还是内部动机定向对其钢琴学习动机具有重要的影响,其中内部动机定向知觉可以提升学生对钢琴学习的兴趣和继续学习的渴望,使他们表现出更多的探索、练习、创造性行为。Wild 等(1997)随后进一步发现,内部动机知觉可能诱发积极期望,外部动机知觉可能诱发消极期望,继而影响学生最后的动机定向,即学生的期望形成在动机感染过程中起重要的中介作用。

另一种思路是从教学行为的角度探讨教师动机的感染效应,其主要观点是教师教学动机可能通过其教学行为对学生学习动机产生间接影响。自我决定理论指出,内化程度较高的学习动机其学习结果也较好,而外部环境能否满足学生的基本心理需要,包括自主需要、胜任需要、归属需要,则是影响学习动机内化的关键所在。教师促进学生学习动机内化的常见策略包括许诺奖励、使用威胁性指令、鼓励竞争、树立榜样等,其中起决定性作用的是自主支持(赖丹凤等,2011)。自主支持是指教师通过情感或行为帮助学生寻找内在学习动力,激发和培养学生内在学习动机。Stefanou 等(2004)提出,课堂情境中的教师自主支持包括认知支持、组织支持和过程支持,其中认知支持是指教师为学生提供选择机会、有挑战性的任务、有效的指导和反馈、多元化的问题解决方法等;组织支持是指教师允许学生进行自主选择、自主决定;过程支持是指教师鼓励学生在学习中独立自主,以自己特有的方式呈现自己的观点。

柴晓运等(2011)综合以往动机感染的研究成果,提出教学情境中动机感染的综合模型,如图 5-3 所示。该模型假设,教师行为、情绪、课堂情境等线索信息反映出教师的教学动机,学生对这些信息的知觉通过两条路径影响他们的学习动机,这两条途径分别为自动的目标感染过程和满足基本心理需要过程。因此,动机感染的关键在于学生如何知觉教师教学动机的各种信息线索。

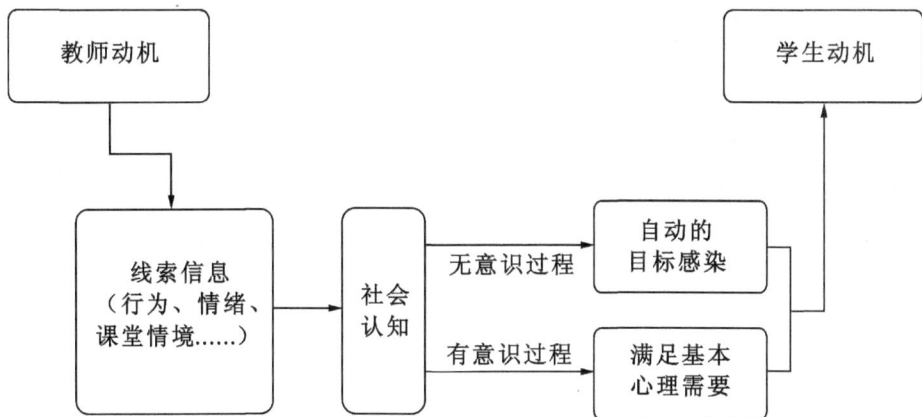

图 5-3 教师动机的感染途径

周丹(2014)采取访谈法和观察法探讨了小学课堂情境下动机感染的发生过程。对于无意识的动机感染过程,受访者谈道:

"学生眼神跟着你的讲解在移动,眼神交流的时候他知道我要表达什么,这时我觉得很有成就感。特别是语文学科,对一段文字的理解要找到理解相投的同一频段上的学生就有一种认同感,学生也同样如此。特别是在朗读完一段文字后,学生就自然而然的和老师进行眼神交流,找到认同感,或纠正自己的理解。这都是自发的。

"在课堂上，就有这样的学生和我很契合。我提到某一个知识点，他能迅速地给我反馈。好像知道我下一步要做什么。而且眼睛紧盯着我，看着我的一言一行。这种被关注的感觉让我越讲越带劲。"

对于有意识的动机感染过程，受访者谈道：

"学生都是激出来的。我这么说是因为原本沉闷的课堂，如果我的情绪很高涨，不断地表扬、不断地鼓励，虽然学生可能对这个知识点很熟悉了，依旧会有兴趣来进行更深入的学习，每当这时我就很安慰，认为我是有价值的。

"在课堂上能多拓展一些教材以外的知识时，有的学生一下子就注意力集中了，被吸引过来了，班里的有些学生表现得特别明显。比如在英语课上，内容是有关节日的，当我把节日进行扩展讲解时，学生的反应让我有点意外。学生有了想与老师交流的动力，在讲解过程中我们共同经历了一次学习。"

4. 行为感染

以往关于教师行为感染的研究较为零散，主要集中在创造性行为和欺凌行为。李玉华等（2022）采用报告法考察了教师创造性教学行为与小学生创造性思维和行为的关系，发现教师创造性教学行为，如学习方式指导、动机激发、观点评价、鼓励变通等，可以通过激发小学生的创意自我效能感，间接地促进小学生流畅性、变通性和独特性等创造性思维成分的发展。开放性人格在教师创造性教学行为影响创意自我效能感中起催化作用，即开放性水平越高，教师创造性行为对创意自我效能感的预测作用也越强。Machali 等（2021）发现，教师创造力对职业技术学院学生的创造力具有显著的促进作用，其中创业教育发挥重要的中介作用。教师创造性教学行为对中学生创造性倾向（王莹，2016）、创造性问题解决（吴洁清等，2015）、科学创造力（李珺珺，2018）具有显著的预测作用。

近年来校园欺凌日益猖獗，受到研究者的广泛关注。教师作为促进学生成长的重要他人，同时作为欺凌事件的特殊旁观者，他们对校园欺凌的观念和行为对学生欺凌行为至关重要。研究者在波波玩偶实验的基础上，发现如果暴力行为的示范者是受儿童尊重或喜爱的成人，他们则更可能表现出攻击行为。教师对校园欺凌可能表现出不同的干预性行为，如对欺凌事件视而不见、惩罚欺凌者、与受欺凌者合作、寻求其他成人帮助、以一种非惩罚性的方式与欺凌者合作，以及不同的预防性行为，如领导、帮助、理解、给予自由、不确定、不满、告诫、严格等，这些行为对学生欺凌行为产生不同的影响。总体来讲，教师行为倾向于诱发学生表现出相对应的行为，这就是身教。比如，教师如果在师生互动中友好对待学生,那么学生在同伴互动中也可能对其他学生表现出关心和尊重的行为。教师也可能通过引导学生形成评价与判断,如李蓓蕾等(2022)发现初中学生感知的教师对欺凌严重性的看法可以显著降低其欺凌行为,这就是言传。

值得注意的是,教师心理和行为的感染效应可能受某些个体因素或社会情境因素的调节。在个体因素方面,性别、情绪易感性、相似性、喜爱程度等个体特征变量可能影响感染效应的强度甚至方向。比如,女性比男性更准确地判断非语言线索所传递的情绪信号,更善于处理、储存和回忆诸如面孔、名字、声音等刺激元素。高情绪易感性的个体更容易知觉他人情绪,因此可能更易受他人情绪的影响。关系亲密或相似的个体之间发生态度或行为传递的可能性也更大,这是因为个体更可能模仿对方的态度和行为,沟通更频繁,沟通内容也更广泛、更深入。在社会情境因素方面,成员互依性、心理氛围、群体认同等情境变量也可能调节感染效应的强度或方向。比如,当班级成员之间互依程度较高时,成员之间相互依赖,交流频繁,相互影响较大,班级成员可能会沿着从众—认同—同化的心理过程,最终与班级其他成员保持一致。群体认同也可能正向影响个体之间的社会分享行为,进而影响群体态度或行为的传播动力学特征。群体认同高的群体中,态度或行为传播更快,波及范围更广,受影响的人数可能也更多。

二、教师情绪的感染效应

1. 研究假设

教师在教育教学活动中的情绪状态会诱发学生产生相似或相同的情绪状态,研究者将这种现象称之为情绪感染。以往研究结果表明,教师在课堂教学或与学生日常交流中表现出各种各样的情绪,而学生可能通过"感觉情绪信息→觉察→无意识模仿→生理反馈→情绪"的自下而上过程或"高级情绪信息→高级认知系统→生理反馈→情绪"的自上而下过程直接感染这些情绪(张奇勇,2013),也可能通过师生之间的社会互动间接地感染这些情绪(Frenzel et al.,2009),比如教师喜悦情绪促进教师的教学热情,继而促进学生的喜悦情绪。因此,本研究假设教师情绪对学生具有感染效应。

Pekrun 等(2012)提出的控制—价值理论认为,学生对学业任务的控制和价值评估是学业情绪产生与发展的直接源泉,而环境变量则通过影响学业控制—价值评估从而对学业情绪产生间接的影响。如果将控制—价值理论应用于教师情绪的感染过程，我们可以将教师情绪视为诱发学生产生相应学业情绪的主要环境变量，而将学生对学业任务的控制—价值评估视为学业情绪产生及发展的中介机制。师生之间的信息和情感交流主要是通过课堂教学来实现的，因此教师教学行为可能是学业控制—价值评估和情绪感染的重要纽带。一般来讲，积极的教学情绪可以提高教师的教学主动性，使教师付出更多精力准备课堂教学，在课堂上激情澎湃、精神饱满、语言抑扬顿挫；而消极的教学情绪可能会挫伤教师的教学热情和积极性，影响其课堂表现和教学质量。因此，教师情绪体验会对其教学行为产生影响，而教学行为继而可能对学生的控制—价值产生影响，最终诱发学生产生相应的学业情绪。

综上所述，本研究构建的假设模型如图 5－4 所示（黄杰，2016）。

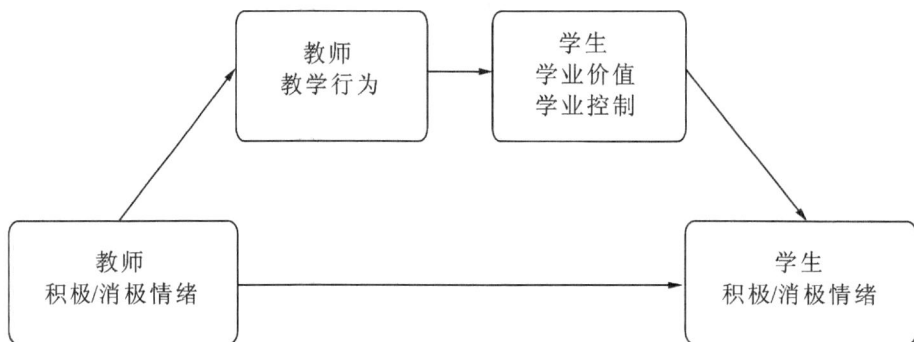

图 5－4　教师教学情绪对学生学业情绪的感染途径

2. 研究对象

根据国内不同地区的经济和教育水平，采取整群抽样的方式选取西部（陕西、甘肃、四川）、中部（湖南、湖北）、东部（江苏、广州）9 所学校的班主任及学生进行集体施测。我们将班主任作为研究对象是因为班主任除了教学以外，还需要负责学生生活起居、品德操行等日常生活的管理，因此与学生接触的机会比较多，更能体现教师"教书""育人"的双重作用；而其他任课教师与学生的接触机会相对比较单一，除课堂教学外鲜有与学生单独沟通交流的机会，其"教书"职责明显大于"育人"职责；另外，其他任课教师大多同时担任多个班级的课程，与班级是一对多的关系，因此在统计分析时可能会出现数据重复的问题；而班主任虽然也担任多个班级的课程，但是一般只负责管理一个班级，与班级是一对一的关系。

西部三省共回收 3 所学校 59 个班级的问卷，中部两省共回收 4 所学校 38 个班级的问卷，东部两省共回收 2 所学校 11 个班级的问卷，共计 9 所学校 108

个班级的问卷,包括 7 所普通高中 95 个班级,2 所中职学校 13 个班级。共回收 5339 份学生问卷,约占班级总人数的 95%。将胡乱作答、规律作答、抄袭、说谎、作答不完整等无效问卷删除后,共获得 4908 份学生问卷,约占班级总人数的 87%。回收有效班主任问卷 93 份,约占取样数量的 85%。

班主任人口统计学特征:男性占 45%,女性占 55%;高级职称占 6%,中一职称占 62%,中二职称占 32%;专科占 2%,本科占 84%,研究生占 14%;语数英教师占 60%,其他学科教师占 40%。年龄 35.78 ± 6.51 岁,工作年限 12.10 ± 6.72 年,每周 10.97 ± 3.08 课时。

学生人口统计学特征如表 5 - 1,其中高一、高二、高三学生分别占 50%、43% 和 7%。高三学生样本量偏低,这是由于高三学生学业压力紧张,参与意愿较低,难以组织实施测评。高一和高二学生人口统计学特征与教育部公布的相关数据较为类似,因此本研究样本具有一定的代表性。

表 5 - 1　学生被试的人口统计学特征($n = 4908$)

人口统计学特征		高一	高二	高三	总计
性别	女	1342	1153	235	2730
	男	1103	941	111	2155
年龄		15.25 ± 1.03	16.02 ± 1.36	16.95 ± 0.95	15.70 ± 1.28
家庭所在地	农村	1396	1211	178	2785
	城镇	1045	844	166	2055
学生干部	否	1531	1436	279	3246
	是	691	474	64	1229
地　区	东部	319	324	0	643
	中部	722	721	192	1635
	西部	1423	1053	154	2630
合计		2445	2094	346	4908

3. 研究工具

(1)教师问卷

教师积极/消极情绪:采用正性负性情绪量表(PANAS)测量教师积极/消极

情绪。PANAS 包括正性情绪与负性情绪两个维度,其中正性情绪分量表由 10 个描述积极情绪的形容词组成,如自豪的、热情的、兴奋的等;负性情绪分量表由 10 个描述消极情绪的形容词组成,如心烦的、内疚的、易怒的等。本研究主要关注教师在教学过程或与学生社会交往过程中产生的情绪,因此在指导语中要求被试根据最近几周在教学和师生互动过程中的实际情况评价每种情绪的发生频率,按"很少或几乎没有"到"非常频繁"分别计 1—5 分。验证性因素分析结果表明,该量表具有良好的结构效度($\chi^2 = 149.39$,$df = 134$,$RMSEA = 0.04$,$CFI = 0.98$,$GFI = 0.86$,$IFI = 0.98$,$NFI = 0.97$)。Cronbach's α 系数分别为 0.88 和 0.87。

教师课堂行为:采用陕西师范大学教育部哲学社会科学研究重大课题攻关项目课题组编制的有效课堂行为量表评估教师的课堂行为。该量表包括教学、课堂组织、情感支持三个维度 26 个观测指标,其中教学包括知识建构、认知发展、教学方式等方面的观测指标;课堂组织包括学生行为管理、课堂管理等方面的观测指标;情感支持包括课堂气氛、教师责任意识等方面的观测指标。本研究要求被试在 1—5 点李克特计分表上进行自评。验证性因素分析结果表明,该量表具有良好的结构效度($\chi^2 = 235.37$,$df = 206$,$RMSEA = 0.04$,$CFI = 0.96$,$GFI = 0.83$,$IFI = 0.97$,$NFI = 0.96$)。Cronbach's α 系数为 0.90。

(2)学生问卷

学生积极/消极情绪:采用简化版青少年学业情绪量表测量学生积极/消极情绪。该量表包括四个分量表,分别为积极高唤醒学业情绪分量表、积极低唤醒学业情绪分量表、消极高唤醒学业情绪分量表、消极高唤醒学业情绪分量表,每个分量表包含三种或四种具体情绪。该量表共计 39 道题目,采取 1—5 点李克特计分。验证性因素分析结果表明,该量表具有良好的结构($\chi^2 = 2918.28$,$df = 683$,$RMSEA = 0.03$,$CFI = 0.97$,$GFI = 0.97$,$IFI = 0.97$,$NFI = 0.96$)。四个分量表的 Cronbach's α 系数分别 0.79,0.79,0.81 和 0.86。本研究只关注学生积极高唤醒学业情绪和消极高唤醒学业情绪,分别将它们简称为积极情绪和消极情绪。

学业控制量表:本研究采用 Perry 等(2001)编制的学业控制量表,该量表共计 8 道题目,包含外部环境控制和内部行动控制两个维度。验证性因素分析结果表明,该量表结构效度良好($\chi^2 = 233.09$,$df = 19$,$RMSEA = 0.05$,$CFI = 0.98$,$GFI = 0.98$,$IFI = 0.98$,$NFI = 0.98$)。Cronbach's α 系数为 0.81。

学业价值量表:本研究采用李晓东等(1999)编制的学业价值量表,该量表共计 8 道题目,包含内在价值、达成价值、外在实用价值三个维度。验证性因素分析结果表明,该量表结构效度良好($\chi^2 = 392.03$, $df = 32$, $RMSEA = 0.05$, $CFI = 0.98$, $GFI = 0.98$, $IFI = 0.98$, $NFI = 0.97$)。Cronbach's α 系数为 0.86。

4. 研究结果

(1)差异分析结果

教师积极情绪和消极情绪的均值分别为 3.29 ± 0.73 和 2.63 ± 0.70,表明教师积极情绪水平较高,而消极情绪水平则较低。我们采用独立样本 t 检验或单因素方差分析检验教师积极情绪和消极情绪是否存在性别、年龄、年级差异。

表 5 - 2 结果表明,虽然女性教师的积极情绪水平和消极情绪水平均高于男性教师,但是两者之间并不存在显著的性别差异($t = 1.28$, $p > 0.05$; $t = 0.72$, $p > 0.05$)。

表 5 - 2 教师积极情绪和消极情绪的性别差异分析

维度	男性		女性		t
	M	SD	M	SD	
积极情绪	3.18	0.66	3.37	0.77	1.28
消极情绪	2.57	0.70	2.68	0.71	0.72

表 5 - 3 结果表明,与其他年级相比,高三教师积极情绪水平较低,消极情绪水平较高,但是差异并未达到显著水平($F_{(2,90)} = 1.10$, $p > 0.05$; $F_{(2,90)} = 2.33$, $p > 0.05$)。

表 5 - 3 教师积极情绪和消极情绪的年级差异分析

维度	高一		高二		高三		F
	M	SD	M	SD	M	SD	
积极情绪	3.30	0.69	3.34	0.68	2.93	1.07	1.10
消极情绪	2.62	0.69	2.55	0.68	3.13	0.70	2.33

表 5 - 4 结果表明,虽然语数外教师积极情绪水平低于其他学科教师,而消极情绪水平高于其他学科教师,但是两者之间并不存在显著的学科差异($t = 1.06$, $p > 0.05$; $t = -0.52$, $p > 0.05$)。

表 5 - 4　教师积极情绪和消极情绪的学科差异分析

维度	语数外		其他		t
	M	SD	M	SD	
积极情绪	3.22	0.77	3.38	0.65	1.06
消极情绪	2.67	0.69	2.58	0.72	- 0.52

表 5 - 5 结果表明,教师积极情绪($F_{(2,89)} = 0.18, p > 0.05$)和消极情绪($F_{(2,89)} = 1.84, p > 0.05$)不存在显著的年龄差异,但是教师消极情绪存在随着年龄的增加逐渐下降的趋势。

表 5 - 5　教师积极情绪和消极情绪的年龄差异分析

维度	<30 岁		30—40 岁		>40 岁		F
	M	SD	M	SD	M	SD	
积极情绪	3.35	0.85	3.26	0.73	3.22	0.48	0.18
消极情绪	2.76	0.63	2.69	0.70	2.37	0.67	1.84

(2)相关分析结果

教师层级和学生层级研究变量的平均数、标准差、相关系数矩阵如表 5 - 6。在教师层级,教师有效教学行为与积极情绪呈正相关,与消极情绪呈负相关。在学生层级,学生积极情绪、学业价值、学业控制呈正相关;而消极情绪则与学业价值和学业控制呈负相关。

表 5 - 6　相关分析结果

	变量	M	SD	1	2	3
教师层级 ($n = 93$)	积极情绪	3.29	0.73			
	消极情绪	2.63	0.70	- 0.23 *		
	有效教学行为	3.79	0.48	0.23 *	- 0.26 *	
学生层级 ($n = 3883$)	积极情绪	3.72	0.64			
	消极情绪	3.06	0.74	- 0.20 **		
	学业价值	3.57	0.66	0.26 **	- 0.08 **	
	学业控制	3.67	0.80	0.27 **	- 0.17 **	0.43 **

注: * 表示 $p < 0.05$; * * 表示 $p < 0.01$。

（3）跨层级中介效应分析结果

考虑到学生嵌套于教师，我们采取多层线性模型检验教师教学行为、学生学业价值和学业控制的跨层中介效应，其中教师教学行为的中介作用属于 2→2→1 模型，表示层 2 自变量 X_j 通过层 2 中介变量 M_j 对层 1 因变量 Y_{ij} 产生影响；学生学业价值和学业控制的中介作用属于 2→1→1 模型，表示层 2 自变量 X_j 通过层 1 中介变量 M_j 对层 1 因变量 Y_{ij} 产生影响。

第一步：检验零模型，并根据组内相关系数 ICC（1）确定是否有必要进行跨层级分析。ICC(1)大于 0.06 表明有必要进行跨层级分析。

第二步：检验自变量 X_j 对因变量 Y_{ij} 的直接效应 c。如果 c 显著，表明可能存在中介效应，否则表明中介效应不显著。

第三步：检验自变量 X_j 对中介变量 M_j 的直接效应 a；

第四步：检验自变量 X_j 和中介变量 M_j 对因变量 Y_{ij} 的效应 c' 与 b。如果 c' 不显著，说明完全中介效应；如果 c' 显著，但是 $c' < c$，说明部分中介效应。

① 教师积极情绪的感染效应

学生积极情绪零模型的 ICC（1）= 0.21，方差分析表明班级差异显著（$F_{(85,3797)} = 12.25, p < 0.01$），因此需要进行跨层级分析，结果如图 5-5 所示。

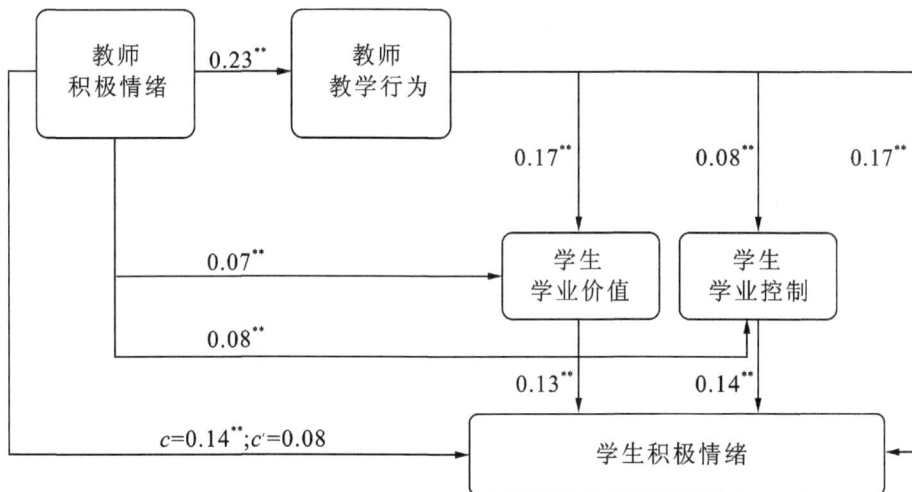

图 5-5 教师积极情绪的感染效应

教师积极情绪的直接影响：教师积极情绪对学生积极情绪有显著的直接影响（$\gamma = 0.14, p < 0.01$），因此我们继续检验教师教学行为、学生学业价值和学业控制在教师积极情绪影响学生积极情绪中的中介作用。

教师教学行为单独的中介效应：教师积极情绪对其教学行为影响显著（$\gamma = 0.23, p < 0.05$）；当教师积极情绪和教学行为共同预测学生积极情绪时，它们对学生积极情绪均存在显著的影响（$\gamma = 0.08, p < 0.05$；$\gamma = 0.23, p < 0.01$），而且 $c' < c$。Sobel 检验表明教师教学行为部分中介教师积极情绪对学生积极情绪的影响（$Z = 2.00, p < 0.05$）。

学生学业价值单独的中介效应：教师积极情绪对学业价值影响显著（$\gamma = 0.07, p < 0.05$）；当教师积极情绪和学生学业价值共同预测学生积极情绪时，它们对学生积极情绪均存在显著的影响（$\gamma = 0.12, p < 0.01$；$\gamma = 0.19, p < 0.01$），而且 $c' < c$。Sobel 检验表明学业价值部分中介教师积极情绪对学生积极情绪的影响（$Z = 2.21, p < 0.05$）。

学生学业控制单独的中介效应：教师积极情绪对学业控制影响显著（$\gamma = 0.08, p < 0.05$）；当教师积极情绪和学生学业控制共同预测学生积极情绪时，它们对学生积极情绪均存在显著的影响（$\gamma = 0.12, p < 0.01$；$\gamma = 0.20, p < 0.01$），而且 $c' < c$。Sobel 检验表明学业控制部分中介教师积极情绪对学生积极情绪的影响（$Z = 2.43, p < 0.05$）。

教师教学行为对学生学业价值和学业控制的影响：教师教学行为对学生学业价值（$\gamma = 0.17, p < 0.01$）和学业控制（$\gamma = 0.08, p < 0.05$）均存在显著影响。

全模型：当教师积极情绪、教师教学行为、学生学业价值和学业控制共同预测学生积极情绪时，教师积极情绪对学生积极情绪的影响变得不显著（$\gamma = 0.08, p < 0.05$）；但是教师教学行为（$\gamma = 0.17, p < 0.05$）、学生学业价值（$\gamma = 0.13, p < 0.05$）和学业控制（$\gamma = 0.14, p < 0.05$）的影响仍然显著。

② 教师消极情绪的感染效应

学生消极情绪零模型的 ICC（1）= 0.14，方差分析表明班级差异显著（$F_{(85,3797)} = 5.19, p < 0.01$），因此需要进行跨层级分析，结果如图 5 - 6 所示。

教师消极情绪的直接影响：教师消极情绪对学生消极情绪有显著影响（$\gamma = 0.09, p < 0.05$），因此我们继续检验教师教学行为、学生学业价值和学业控制在教师消极情绪影响学生消极情绪中的中介作用。

教师教学行为单独的中介效应：教师消极情绪对其教学行为影响显著（$\gamma = -0.25, p < 0.01$）；当教师消极情绪和教学行为共同预测学生消极情绪时，教师教学行为对学生消极情绪影响显著（$\gamma = -0.13, p < 0.01$），但是教师消极情绪的影响变得不显著（$\gamma = 0.06, p > 0.05$），即教师教学行为完全中介教师消极情绪对学生消极情绪的影响（$Z = 2.32, p < 0.05$）。

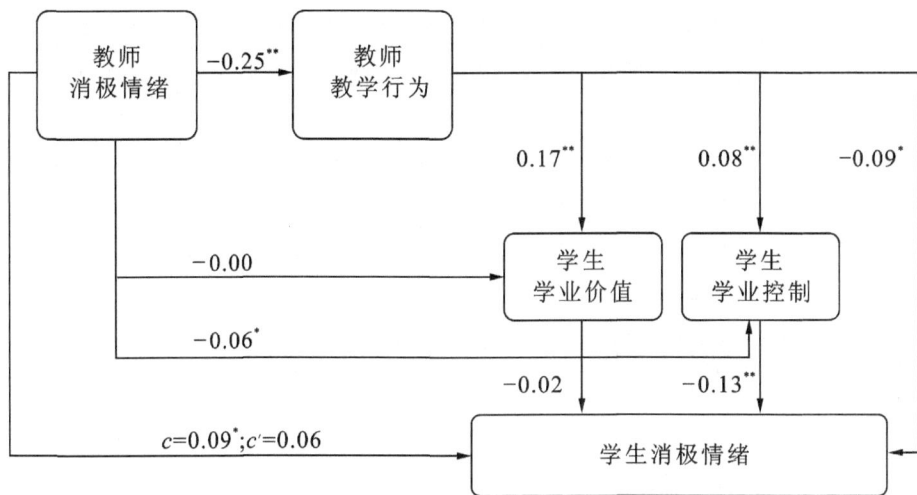

图 5-6 教师消极情绪的感染效应

学生学业价值单独的中介效应:教师消极情绪对学生学业价值影响不显著($\gamma = -0.00, p > 0.05$),而学生学业价值对其消极情绪存在显著影响($\gamma = -0.05, p < 0.01$)。Sobel 检验表明学业价值的中介效应不显著($Z = 0.10, p > 0.05$)。

学生学业控制单独的中介效应:教师消极情绪对学生学业控制存在显著的影响($\gamma = -0.06, p < 0.05$);当教师消极情绪和学生学业控制共同预测学生消极情绪时,它们对学生消极情绪均存在影响显著($\gamma = 0.08, p < 0.01$;$\gamma = -0.14, p < 0.01$),而且 $c' < c$。Sobel 检验表明学生学业控制部分中介教师消极情绪对学生消极情绪的影响($Z = 1.98, p < 0.05$)。

教师教学行为对学生学业价值和学业控制的影响:教师教学行为对学生学业价值($\gamma = 0.17, p > 0.01$)和学业控制($\gamma = 0.08, p < 0.05$)均存在显著的正向影响。

全模型:当教师积极情绪、教师教学行为、学生学业价值和学业控制共同预测学生消极情绪时,教师消极情绪对学生消极情绪的影响变得不显著($\gamma = 0.06, p > 0.05$);教师教学行为($\gamma = -0.09, p < 0.05$)和学生学业控制($\gamma = -0.13, p < 0.05$)的影响仍然显著;但是学生学业价值的影响不显著($\gamma = -0.02, p < 0.05$)。

5. 理论意义

本研究结果表明,教师积极情绪显著影响学生积极情绪,教师消极情绪显著影响学生消极情绪,证明教师情绪具有感染效应,这一结果与国外学者的研究结果是一致的(Bakker et al.,2005;Frenzel,et al.,2009)。因此,如果教师在教育教学中表现出激情、愉悦、自豪、希望等积极情绪,那么学生在学习中也倾向于表现出激情、愉悦、自豪、希望等积极情绪;反之,如果教师表现出愤怒、紧张、害怕、焦虑等消极情绪,那么学生也倾向于表现出愤怒、紧张、害怕、焦虑等消极情绪。教师情绪影响学生情绪这一现象虽然看起来不言自明,但是以往学者并未系统探讨这一现象。本研究为国内文化背景和教育体制下教师情绪的感染机制提供了实证证据。

本研究的一个重要贡献是明确教师情绪的感染途径。根据学业控制—价值理论,外部环境影响学生对学业任务的控制—价值评估,从而对学生学业情绪产生间接的影响,即学业控制和学业价值是学生情绪产生和发展的重要中介机制。根据社会认知理论,教师是学生重要的学习榜样,学生可能根据教师表现出来的行为、情绪等方面的线索去评估学习任务的价值以及他们对这些任务的控制。教学是一种以教师为主导、学生为主体的信息流通过程,因此教师的教学行为也是教师情绪影响学生情绪的重要纽带。比如,Frenzel等(2009)研究同样表明,教师情绪影响其教学行为,如认知激励、动机激励、社会支持等。如果教师心情愉悦,那么他们在课堂中可能会更投入,更有耐心,其教学行为可能更有利于学生学习;反之,如果教师心烦意乱,易于动怒,那么他们在课堂中可能会敷衍了事,牢骚满腹,这显然不利于学生学习。因此,教师的积极情绪可能使他们表现出积极的教学行为,继而促进学生对学习任务的重要性和价值的认识,使学生更有信心完成学业任务,从而提高他们对学业任务的控制;相反,教师的消极情绪可能使他们表现出消极的教学行为,传递出他们对学习任务的负面态度,因此削弱学生对其重要性和价值的认识,使学生产生无能为力感,从而降低他们对学习任务的控制。

教师在教育教学情境中表现出各种情绪,其中频率最高的是愉悦,频率最低的是愤怒。本研究同样表明,教师积极情绪水平较高,而消极情绪水平则较低。但是,教师情绪,不论是积极的还是消极的,都会随着他们的教学行为传递给学生,这是一个值得广大教师特别注意的现象。另外值得注意的是,教师教学行为部分中介教师积极情绪对学生积极情绪的影响,但是完全中介教师消极情绪对学生消极情绪的影响,即教师愤怒、紧张、害怕等消极情绪完全是通过其教学行为感染学生的。

本研究尚未探讨的一个问题是,学生情绪是否会反过来影响教师情绪。研究学生情绪及其课堂行为表现对教师情绪的影响同样是一个非常有意思的话题,这对构建高效的课堂教育情境具有非常重要的理论意义和实践价值。此外,有研究表明学生对教师情绪的知觉,而不一定是教师情绪本身,对学生情绪产生影响(Frenzel,et al.,2018)。因此,未来研究者可以从学生视角出发,探讨学生知觉的教师情绪是否也存在感染效应。

6. 实践意义

根据本研究结果,教师可以从改善教学行为、提高学生对学业任务的控制感等方面入手对情绪感染进行干预。Pekrun 等学者建议教师采取以下措施优化教学环境:提高教学质量,激发、调动学生学习兴趣和内在动机;赋予学生一定的自主权,鼓励学生自我调节;强调掌握知识的重要价值,适当调整社会期望,使其与学生能力相匹配;信息反馈时使用个人和群体参照标准以增加成功的机会;引入从错误中学习的文化;创造灵活的互动模式以增进合作和支持,但不回避同伴竞争。

教师还应掌握恰当表达和调控情绪的技巧。教师应尽可能地避免在教学情境中表现出愤怒、紧张、害怕等消极情绪,防止这些消极情绪诱发学生也产生愤怒、紧张、害怕等消极情绪。恰当表达情绪并不是让教师克制压抑自己的消极情绪,而是让教师注意控制情绪的时间和强度。我国最早的一部医学经典《黄帝内经》中写道:怒伤肝、喜伤心、思伤脾、忧伤肺、恐伤肾。显而易见,持续时间过长、强度过大的消极情绪,不仅有损个体自身身心健康,还可能使与之接触的人深受其害。目前心理健康教育中常用的情绪调节策略有认知调节法、生理调节法、行为调节法、人际调节法等,教师可以使用这些策略调节自己的情绪体验和表达。

情绪劳动策略对教师非常重要。表层扮演要求教师通过假装、隐藏、抑制等方式调整情绪的外部表现以符合组织的规则,这种策略可能使教师内在真实感受与外部情绪表达相悖,从而容易体验到情绪失调。深层扮演要求教师在调整情绪的外部表现的基础上尝试改变内在感受,这种策略可能使教师内在感受与情绪表达趋于一致,从而不太可能体验情绪失调。Yin 等(2019)对情绪劳动策略和教师工作结果的关系进行了元分析,结果如表 5-7 所示。该研究表明,如果从教师身心健康出发,表达自然情绪无疑是一种最好的选择。目前尚无元分析探讨教师情绪劳动策略对学生的影响,因此表达自然情绪是否有利于学生成长和发展有待进一步探讨。

表5-7 教师情绪劳动策略与教师工作结果的相关系数

变量	表层扮演	深层扮演	自然情绪
情绪衰竭	0.26*	0.02	-0.21*
去人性化	0.24*	0.03	-0.34*
个人成就感降低	0.09	-0.20*	-0.32*
教学满意度	-0.22*	0.30*	0.28*

注:*表示 $p<0.05$。

三、教师工作倦怠的感染效应

1.研究假设

教师在教育教学中的一言一行、一举一动都有可能对学生产生潜移默化的影响,从而使他们也表现出与之类似甚至相同的认知、情绪、态度和行为,研究者将这种现象称之为"感染"。教师是工作倦怠的高发职业群体之一,这是一种以情绪衰竭、去人性化和个人成就感降低为主要表现的综合征(Maslach et al.,2001)。学生在繁重的学习压力之下也可能产生学习倦怠,其表现与工作倦怠较为类似,同样包括情绪衰竭、去人性化和个人成就感降低三个维度(Walburg,2014)。Oberle 等(2016)发现,教师工作倦怠导致小学生唾液皮质醇显著增加,表明教师工作倦怠是学生主要的应激源之一。因此,教师工作倦怠可能对学生形成感染效应,从而使他们表现出学习倦怠。

本研究从资源保存(Conservation of Recourse,COR)的角度探讨教师工作倦怠对学生学习倦怠的感染途径。资源保存理论的核心观点是个体具有强烈的内在动机去获取、保护与维持他们现有的资源,这些资源的实际耗损或存在潜在耗损的风险都可能使个体处于紧张状态,从而导致工作/学习倦怠的产生和发展。Westman(2001)提出工作倦怠的感染途径可能涉及移情反应机制和社会互动机制,前者主要关注目标个体对榜样情绪有意识或无意识的直接感染过程,而后者主要关注通过榜样社会贬损行为的间接感染过程。本研究根据资源保存理论,进一步假设目标个体的资源耗损可能是工作倦怠感染效应的潜在机制。从教师角度来看,工作倦怠使教师精力耗竭,他们可能采取远离学生、消极怠工等退缩性的应对策略来保护他们现有的资源,避免进一步陷入螺旋式的资源损失(黄杰等,2015),这就是 Westman(2001)提出的社会贬损行为。从学生角度来看,教师的社会贬损行为可能使他们实际获取的师源性资源减少,或使他们已有的资源存在丧失的风险,这就是资源保存理论提出的资源耗损螺旋。由于资源的动机性效能和工具性效能,因此无论是实际的还是潜在的资源丧失都可能诱发个体的压力反应,从而促进学习倦怠的产生与发展(Hobfoll et al.,2018)。因此,资源耗损既可能是教师工作倦怠的后效,又可能是学生学习倦怠的前因,即它们可能在教师工作倦怠感染学生学习倦怠的过程中起重要的中介作用。

资源保存理论中的"资源"是一个非常宽泛的概念。Hobfoll 将它定义成"个体认为有价值的实物、条件、人格特征和能量等物体及其相应的获取方式",具体包括四类,分别为:物质资源(如工作环境等)、条件资源(如社会关系等)、人格特质(如自我概念等)、能源资源(如设施设备等)。本研究关注两类与学生学业密切相关的资源,即外部的教师自主支持和内部的学生学业自我效能感。教师自主支持是指学生感觉教师会尊重他们、理解他们、支持他们,提供信息和帮助让他们自己独立完成学业任务(罗云等,2014)。学业自我效能感是指学生对自己是否有能力完成学业任务的预期和判断(贾绪计等,2020)。这两种资源可以帮助学生应对学业问题、激励学生自我发展与实现(段锦云等,2020),因此在工作倦怠的产生和发展中起到非常重要的作用。

本研究采用间隔三个月的纵向追踪调查,从资源损耗的角度假设 T1 - T2 的教师自主支持增量和学业自我效能感增量是 T1 教师工作倦怠影响 T2 学生学习倦怠的中介机制,研究框架如图 5 - 7 所示(黄杰等,2023)。

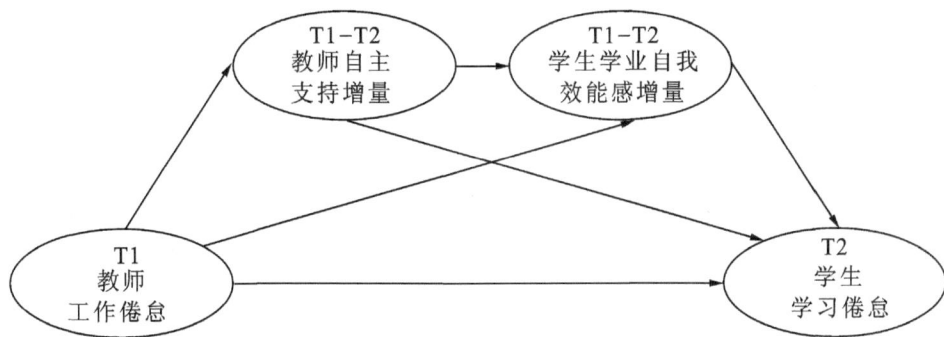

图 5 - 7 教师工作倦怠的感染途径

2. 研究对象

本研究关注的是学生知觉的教师工作倦怠,因此采取整群抽样,对湖北和湖南 8 所高中 70 个班级进行追踪调查,包括 2 所省/市级重点高中,6 所普通高中;1 所位于省会城市,7 所位于非省会市县。2731 人参与两次调研,流失 784

人，其中 T1 流失 303 人，T2 流失 481 人。有效被试中高一占 53%，高二占 33%，高三占 14%；男生占 42%，女生占 56%；年龄 15.67 ± 0.84 岁。与纳入被试相比，流失被试在年龄 $[t(3179) = -1.88, p > 0.05]$、年级 $[\chi^2(2) = 2.37, p > 0.05]$、性别 $[\chi^2(1) = 0.86, p > 0.05]$ 不存在显著差异，表明本研究中被试流失不存在系统性偏差。

3. 研究工具

高中生感知的教师工作倦怠：采用李超平和时勘（2003）修订的工作倦怠量表，该量表共 15 题，包括情绪衰竭、去人性化、个人成就感降低三个维度，修订文字表述后可用于他评。本研究关注的是学生感知的教师工作倦怠，这是因为由于师生关系、互动频率等方面的差异，教师工作倦怠对学生学习倦怠的影响可能因人而异，因此与教师自身主观体验相比，学生感知的教师工作倦怠可能是其态度或行为更近端的预测变量。该量表采取李克特 5 点计分，得分越高，表示学生感知的教师工作倦怠感越严重。验证性因素分析表明该量表具有良好的结构效度（$\chi^2 = 1936.08, df = 87, RMSEA = 0.08, CFI = 0.93, TLI = 0.91$）。本研究中 MBI 量表的 α 系数为 0.92，三个维度的 α 系数分别为 0.89，0.90 和 0.90。

教师自主支持：采用罗云等（2014）编制的教师自主支持量表，该量表共 12 道题，采取李克特 5 点计分，得分越高，表明被试感知的教师自主支持也越高。我们对两次测量统一进行验证性因素分析，结果表明该量表具有良好的结构效度（$\chi^2 = 5209.12, df = 285, RMSEA = 0.08, CFI = 0.91, TLI = 0.89$）。T1 和 T2 教师自主支持量表的 α 系数分别为 0.94 和 0.95。按照以往研究的建议，我们将两次测量的均分差作为 T1 - T2 教师自主支持增量的指标（黄杰等，2015）。

学业自我效能感：采用梁宇颂（2000）编制的学业自我效能感量表中的学习能力自我效能感分量表，该量表包括 11 道题目，用于测量个体对自己是否具有顺利完成学业、取得良好成绩和避免学业失败的学习能力的判断和自信。采取李克特 5 点计分，得分越高，表明被试学业自我效能感也越高。该量表具有良好的结构效度（$\chi^2 = 4308.41, df = 197, RMSEA = 0.08, CFI = 0.90, TLI = 0.90$），T1 和 T2 的 α 系数分别为 0.91 和 0.93。我们同样将两次测量的均分差作为 T1 - T2 学业自我效能感增量的指标（黄杰等，2015）。

学习倦怠：采用吴艳等（2010）编制的青少年学习倦怠量表，共 16 道题目，采取李克特 5 点计分，得分越高，表明被试学习倦怠也越高。验证性因素分析表明,3道题目载荷较低($\gamma < 0.50$),删除这些题目后该量表具有良好的结构效度($\chi^2 = 4412.96, df = 329, RMSEA = 0.05, CFI = 0.93, TLI = 0.92$)。T1和T2的$\alpha$系数分别为0.87和0.89,三个维度的$\alpha$系数介于0.85—0.92。

4. 研究结果

(1)差异分析结果

教师工作倦怠的均值为2.16 ± 0.74,表明总体上学生感知的教师工作倦怠水平较低。我们进一步采用独立样本t检验或单因素方差对教师工作倦怠进行差异分析。

表5-8结果表明,男生知觉的教师工作倦怠总分($t = 2.15, p < 0.05$)、情绪衰竭($t = 2.99, p < 0.01$)、个人成就感降低($t = 1.92, p < 0.05$)均高于女生,表明教师面对男生时可能表现出更高水平的工作倦怠。

表5-8 知觉的教师工作倦怠的性别差异

维度	男生		女生		t
	M	SD	M	SD	
工作倦怠总分	2.20	0.76	2.14	0.73	2.15*
情绪衰竭	2.78	0.98	2.66	0.97	2.99**
去人性化	1.89	0.94	1.87	0.88	0.37
个人成就感降低	1.94	0.86	1.88	0.77	1.92*

注:*表示$p < 0.05$;**表示$p < 0.01$。

表5-9结果表明,不同年级学生知觉的教师去人性化($F_{(2,2725)} = 8.74, p < 0.01$)和个人成就感降低($F_{(2,2725)} = 4.11, p < 0.05$)存在显著差异。事后检验结果表明,高一和高二学生知觉的教师去人性化显著低于高三学生知觉的教师去人性化;高一和高二学生知觉的教师个人成就感降低也显著低于高三学生知觉的教师个人成就感降低,表明随着年级的增加,教师工作倦怠水平呈逐渐增加的趋势。

表5-9 知觉的教师工作倦怠的年级差异

维度	高一		高二		高三		F
	M	SD	M	SD	M	SD	
工作倦怠总分	2.15	0.74	2.16	0.75	2.22	0.75	1.47

续表

维度	高一		高二		高三		F
	M	SD	M	SD	M	SD	
情绪衰竭	2.74	1.00	2.69	0.97	2.61	0.91	2.61
去人性化	1.83	0.92	1.88	0.87	2.05	0.92	8.74**
个人成就感降低	1.88	0.79	1.91	0.82	2.01	0.84	4.11**

注:** 表示 $p < 0.01$。

(2)相关分析结果

相关分析结果如表 5 – 10。

表 5 – 10　相关系数矩阵

变量	1	2	3	4	5	6	7
T1 教师工作倦怠							
T1 教师自主支持	– 0.44**						
T1 学生学业自我效能感	– 0.17**	0.44**					
T2 教师自主支持	– 0.38**	0.59**	0.34**				
T2 学生学业自我效能感	– 0.20**	0.32**	0.56**	0.59**			
T2 学生学习倦怠	0.33**	– 0.38**	– 0.46**	– 0.55**	– 0.62**		
△教师自主支持	0.04*	– 0.41**	– 0.09**	0.49**	0.32**	– 0.22**	
△学生学业自我效能感	– 0.04*	– 0.11**	– 0.43**	0.29**	0.51**	– 0.20**	0.44**

注:* 表示 $p < 0.05$;** 表示 $p < 0.01$。

T1 教师工作倦怠与 T2 学生学习倦怠呈显著正相关,表明教师工作倦怠可能对学生学习倦怠存在感染效应。

T1 教师工作倦怠与 T2 教师自主支持和学生学业自我效能感呈显著负相关,表明教师工作倦怠水平越高,将来他们能够为学生提供的自主支持的绝对水平将越低,而学生学业自我效能感水平也将越低。

T1 教师工作倦怠与 T1 – T2 学生学业自我效能感增量呈显著负相关,这与理论假设是一致的,表明教师工作倦怠可能持续降低学生的学业自我效能感。但是,T1 教师工作倦怠与 T1 – T2 教师自主支持增量呈显著正相关,这与理论假设不符,表明教师工作倦怠水平越高,将来他们可能增加对学生的自主支持。

T1 - T2 学业自我效能感增量和教师自主支持增量分别与 T2 学生学习倦怠呈显著负相关,表明资源损耗可能促进学生学习倦怠的产生与发展。

T1 - T2 学业自我效能感增量和教师自主支持增量之间呈显著正相关,表明不同资源之间可能存在相互促进的作用。

(3)多层线性模型分析结果

① 教师工作倦怠的感染效应

我们根据跨层级中介检验方法对研究假设进行检验。零模型结果表明,T1 教师工作倦怠的组内相关系数 ICC(1) = 0.11 > 0.06,表明符合数据聚合的要求;组内相关系数 ICC(2) = 0.87 > 0.70,表明使用班级均值可信度较高。为了更形象地展示结果,我们将教师工作倦怠对其学习倦怠的感染途径用图 5 - 8 表示。

T1 感知的教师工作倦怠正向预测 T2 学生学习倦怠($\gamma = 0.11, p < 0.01$)和 T1 - T2 教师自主支持增量($\gamma = 0.04, p < 0.01$),负向预测 T1 - T2 学生自我效能感增量($\gamma = -0.07, p < 0.05$);T1 - T2 教师自主支持增量正向预测 T1 - T2 学生学业自我效能感增量($\gamma = 0.35, p < 0.05$),负向预测 T2 学生学习倦怠($\gamma = -0.15, p < 0.01$);T1 - T2 学业自我效能感增量负向预测 T2 学生学习倦怠($\gamma = -0.21, p < 0.01$)。

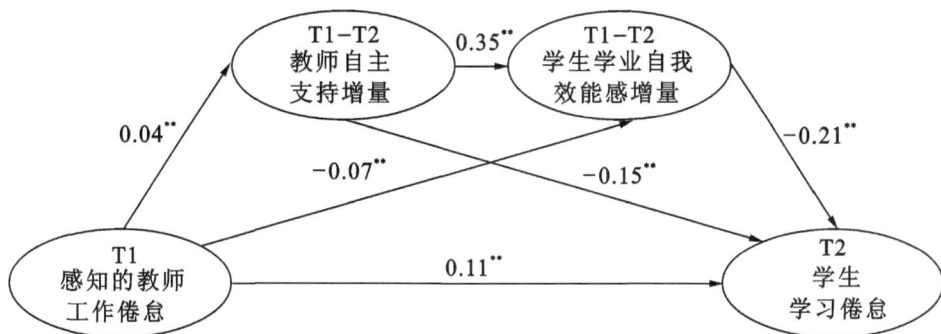

图 5 - 8　教师工作倦怠的感染效应

简言之,T1 教师工作倦怠对 T2 学生学习倦怠不仅存在显著的直接效应,还通过 T1 - T2 教师自主支持增量和学生学业自我效能感增量存在显著的间接效应。值得注意的是,T1 - T2 教师自主支持增量的中介效应与主效应符号相反。

② 教师情绪衰竭的感染效应

我们还使用 SPSS PROCESS MACRO 进一步分析了教师工作倦怠三个维度的感染效应。

教师情绪衰竭对学生情绪衰竭的感染效应如图 5 - 9 所示。结果表明,T1教师情绪衰竭对 T2 学生情绪衰竭具有直接的感染效应($\gamma = 0.19, p < 0.01$),还可以通过 T1 - T2 教师自主支持增量单独的中介作用以及 T1 - T2 教师自主支持增量和学生学业自我效能感增量的链式中介作用对 T2 学生情绪衰竭具有间接的感染效应。值得注意的是,T1 教师情绪衰竭显著地负向预测 T1 - T2 教师自主支持增量($\gamma = -0.04, p < 0.01$)。

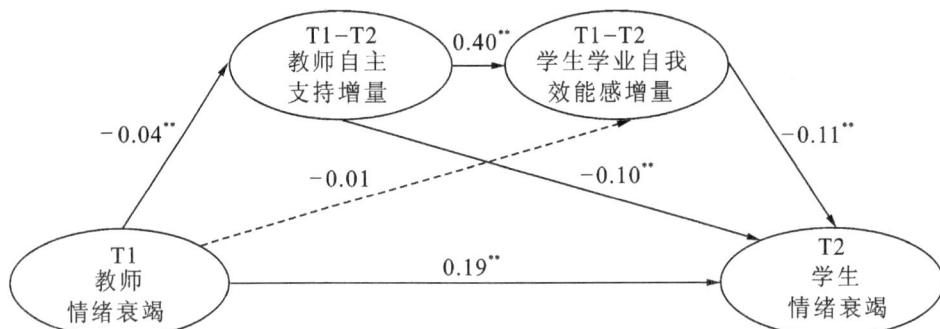

图 5 - 9 教师情绪衰竭的感染效应

③ 教师去人性化的感染效应

教师去人性化对学生去人性化的感染效应如图 5 - 10 所示。结果表明,T1教师去人性化对 T2 学生去人性化具有直接的感染效应($\gamma = 0.35, p < 0.01$),还可以通过 T1 - T2 学生学业自我效能感增量的中介作用具有间接的感染效应。

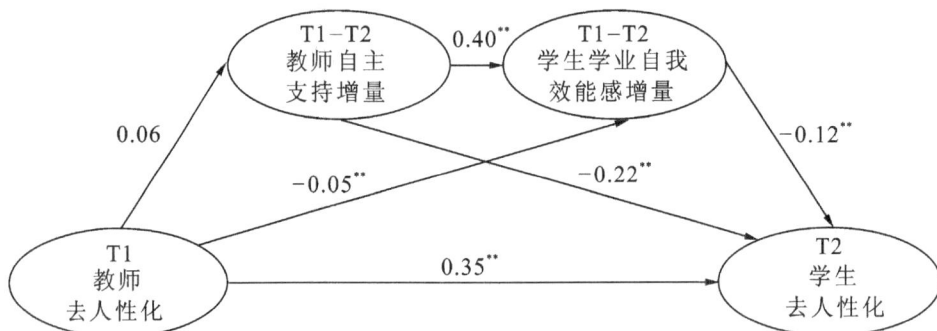

图 5 - 10 教师去人性化的感染效应

④ 教师个人成就感降低的感染效应

教师个人成就感降低对学生个人成就感降低的感染效应如图 5 - 11 所示。结果表明,T1 教师个人成就感降低对 T2 学生个人成就感降低具有直接的感染效应($\gamma = 0.23, p < 0.01$),还可以通过 T1 - T2 教师自主支持增量和学生学业自

我效能感增量单独的中介作用以及两者的链式中介作用对 T2 学生个人成就感降低具有间接的感染效应。值得注意的是,T1 教师个人成就感降低显著地正向预测 T1－T2 教师自主支持增量($\gamma = 0.08, p < 0.01$)。

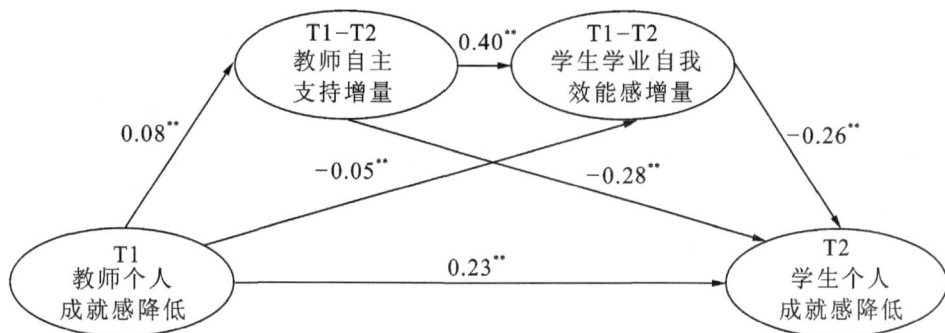

图 5－11 教师去人性化的感染效应

5. 理论意义

本研究从资源损耗的视角探讨了教师自主支持增量和学生学业自我效能感增量在教师工作倦怠感染学生学习学习倦怠过程中的中介作用。结果发现,教师工作倦怠对学生学习倦怠具有感染效应,这与研究假设和国内外现有研究结果是一致的,从实证的角度表明资源损耗在工作倦怠感染中发挥着重要的作用。

本研究值得注意的一个结论是,教师工作倦怠与教师自主支持增量呈显著正相关,表明教师工作倦怠水平越高,他们反而越可能增加对其学生的自主支持,这与资源保存理论的核心假设恰恰是相反的。这可能是因为:第一,"春蚕到死丝方尽,蜡炬成灰泪始干",国内传统文化和教师职业道德鼓励教师越是在困难处境中越具有无私奉献的精神,为学生提供更多的支持和帮助正是这种精神的体现;第二,资源保存理论认为,个体需要投入资源才能从资源损失中恢复或避免现有资源的进一步损失(段锦云等,2020),这可能促使高工作倦怠的教师通过增加对学生的自主支持使学生获得良好的学业结果,从而实现资源增益。

但是,T1 教师工作倦怠与 T2 教师自主支持呈显著负相关($r = -0.38, p < 0.01$),表明高工作倦怠的教师虽然可能增加对学生的自主支持,但其实际能够提供的自主支持与低工作倦怠的教师相比仍然较低。从这一点来看,无论是从教师自身健康的角度出发,还是从学生学业成长的角度出发,教师不能"带病工作",否则可能会陷入工作倦怠→增加投入→成效降低→工作倦怠加剧的恶性

循环。

6.实践意义

本研究为降低教师工作倦怠的感染效应、提升教师心理健康水平提供了科学依据。

一方面，学校管理部门要密切关注教师心理健康，从源头上遏制教师工作倦怠的产生与发展，这是至关重要的一点。正如本研究结果所示，工作倦怠可能使教师持续增加对学生的自主支持，但其实际的自主支持水平却较低，这是一个恶性循环。我们坚信，唯有身心健康的教师才能持续性地促进学生身心发展。以往研究者提出基于工作要求—资源模型的工作倦怠干预体系，包括工作再设计、工作重塑、培训、基于自身优势的干预等措施。学校管理部门可以借鉴这些措施来改善学校管理方式，保护教师免受工作倦怠的危害。教师也可以通过工作重塑更加积极主动地适应环境、改造环境。

另一方面，有研究者曾经探讨了中国文化背景下的工作倦怠发展模型，结果发现去人性化在工作倦怠的发展中具有非常重要的作用（黄杰等，2015）。教师工作节奏快，工作压力大，因此他们对待压力的态度和应对方式就尤为重要。去人性化是一种退缩性的应对方式，这种应对方式短期内能够使个体远离应激源（如忽略问题学生），给个体缓冲恢复的时间，暂时获得更多的资源（如恢复精力），但是长此以往将对个体产生诸多不利影响，问题越积越多，进一步加剧工作倦怠的发展。因此，教师需要掌握压力应对和情绪调控的有效策略，以更加积极的心态应对复杂的工作要求和繁重的工作压力，避免将工作倦怠带入教育教学活动之中，从而切断工作倦怠对学生的感染，维护积极健康的班级氛围。总之，以积极的心态和行为对待教育教学是利人利己的最佳选择。

第六章　教师职业心理健康的促进

做幸福的教师,培养幸福的学生,可能是每位教师的职业梦想。积极心理学以主观幸福感为中心,以积极情感体验、积极人格、积极社会环境系统为支撑形成了一套完整的理论体系。以往研究结果表明,教师积极人格不仅可能使他们工作更满意、身心更健康、生活更幸福,还可能使学生更幸福地成长与发展。本章以主动性人格为例,探讨教师积极人格对其职业心理的作用机制,在此基础上思考培养教师积极心理品质的可行策略。

一、主动性人格对教师职业心理健康的影响

1. 问题提出

主动性人格是一种相对稳定的人格特质,它是指个体通过采取主动行动来影响或改变周围环境的心理倾向(Crant et al.,2017;张颖,杨付,2017)。高主动性人格的个体具有较高程度的自发性、前瞻性和变革性,其中自发性是指个体主动采取行动来解决问题,前瞻性是指个体对未来可能出现的问题提前反应,而变革性是指个体主动引导事情的发生和改变而不是等事情发生后才被动应对(胡青等,2011)。基于主动视角的社会化理论认为,个体进入新的工作领域或承担新的角色后需要采取适应性的主动性行为重新构建相对应的角色,高主动性人格的教师可能努力采取积极行动应对环境变化所带来的机遇和挑战,减少不确定性和角色模糊,从而更好地适应新的环境;而低主动性人格的教师更倾向于被动地适应当前环境。以往研究表明,主动性人格与许多工作行为和工作结果都有密切的关系,如工作绩效、职业生涯成功、团队绩效、工作满意度等(刘密等,2007;张颖等,2017)。比如,林颐宣(2020)发现,主动性人格显著地正向预测小学教师的个人—工作匹配和工作满意度。黄杰等(2023)发现,主动性人格促进教师职业认同的发展。

本研究对新任教师连续追踪五周,探讨初任教师职业心理的变化趋势及其规律,包括工作重塑、工作投入、人际关系、工作绩效、消极情绪、职业认同,以及主动性人格对这些职业心理特征的影响(黄杰等,2023)。

2. 研究对象

本研究采取整群抽样的方法对 454 名初任教师从其实习第一周起连续施测五周,删除中途退出、数据不完整、数据回答明显不符合逻辑等无效问卷后,最终获得 385 名有效被试,有效问卷回收率为 85%。纳入被试平均年龄 20.87 ± 0.73 岁;男性和女性分别占 16% 和 84%;独生子女和非独生子女分别占 24% 和 76%;文科和理科分别占 55% 和 45%。因为学校大多以周为单位安排教学及相关工作,因此本研究将时间间隔设定为一周。五次施测均在周末通过问卷星进行,每次需 5—10 分钟。为提高问卷回收率,研究助手在星期天中午提醒未作答者及时作答。采取时间间隔较短的密集测量可以更细致、更准确地反映初任教师职业心理的变化趋势及其规律(李超平等,2014)。

本研究利用 t 检验对被试流失率进行分析,结果表明流失样本与纳入样本在主动性人格($t = -0.77, p > 0.05$)、工作绩效($t = 0.86, p > 0.05$)、人际关系($t = -1.13, p > 0.05$)、职业认同($t = 1.21, p > 0.05$)等研究变量上均不存在显著差异,表明被试流失属于随机缺失。

3. 研究工具

主动性人格:采用商佳音和甘怡群(2009)修订的主动性人格量表,该量表共有 11 道题目,如"我总是在寻找新的方法使我的生活更好",每道题目采用李克特 5 点计分,得分越高,表明被试主动性人格水平也越高。本研究中该量表的 Cronbach's α 系数为 0.90。

工作重塑:采用 Tims 等(2012)编制的工作重塑量表测量新任教师在增加结构性工作资源、减少妨碍性工作要求、增加社会性工作资源、增加挑战性工作要求等四个方面的工作重塑。该量表包括 21 道题目(如"我努力从工作中学习新知识和新技能"),采用李克特 5 点计分,分数越高,表明工作重塑程度也越高。本研究中 5 次测量的 Cronbach's α 系数介于 0.92—0.94。

工作投入:采用张轶文和甘怡群(2005)修订的工作投入量表测量新任教师在活力、奉献、专注等三个维度的主观感受。该量表包括 17 道题目(如"我能持续工作很长时间,中间不需要休息")。被试根据自身感受从"完全不符合"到"完全符合"依次记 1—5 分,得分越高,表明被试工作投入水平也越高。本研究中 5 次测量的 Cronbach's α 系数介于 0.94—0.96。

人际关系:采用冯伯麟(1996)编制的教师工作满意度量表的人际关系分量表,该量表共有 4 道题目(如"我与其他老师和谐相处"),要求被试根据实际情况在李克特 5 点计分上进行评价。本研究中 5 次测量的 Cronbach's α 系数介于 0.94—0.95。

工作绩效:采用 Farh 等(1991)编制的工作绩效量表,该量表共有 3 道题目(如"在安排给我的工作上,我能高质量地完成"),要求被试根据实际情况在李克特 5 点计分(1 = 完全不符合,5 = 完全符合)上进行评价。本研究中 5 次测量的 Cronbach's α 系数介于 0.78—0.88。

消极情绪:采用正性负性情绪量表(PANAS)中的消极情绪分量表测量教师的消极情绪。该分量表由 10 个描述消极情绪的形容词组成,如心烦的、内疚的、易怒的等。本研究主要关注教师在教学过程或与学生社会交往过程中产生的情绪,因此在指导语中特别要求被试根据这些情境中的实际情况评价每种情绪的发生频率,按"很少或几乎没有"到"非常频繁"分别计 1—5 分。本研究中 4 次测量的 Cronbach's α 系数介于 0.93—0.94。

职业认同:采用魏淑华等(2013)编制的教师职业认同量表,该量表包括职业价值观、角色价值观、职业归属感和职业行为倾向四个分维度,共计 15 道题目(如"当有人无端指责教师时,我感觉自己受到了侮辱"),被试根据自身感受从"完全不符合"到"完全符合"依次记 1—5 分,得分越高,表明被试职业认同水平也越高。本研究中 5 次测量的 Cronbach's α 系数介于 0.89—0.95。

本研究所用量表的 Cronbach's α 系数如表 6 - 1。

表 6 - 1　所用量表五次测量的 Cronbach's α 系数

变量	T1	T2	T3	T4	T5
工作重塑	0.92	0.92	0.92	0.93	0.94
工作投入	0.94	0.95	0.95	0.95	0.96
人际关系	0.94	0.95	0.94	0.94	0.95
工作绩效	0.88	0.78	0.81	0.85	0.87
消极情绪		0.93	0.93	0.94	0.94
职业认同	0.89	0.94	0.94	0.95	0.95

4. 研究结果

(1) 初任教师职业心理的变化趋势

① 工作重塑

表 6-2 重复测量方差分析结果表明，T1-T5 工作重塑的平均得分存在显著差异（$F_{(4,1536)} = 9.91, p < 0.01$）。Bonferroni 多重比较结果表明，T1 工作重塑显著高于 T3、T4 工作重塑（$p < 0.05$），T2 工作重塑显著高于 T4 工作重塑（$p < 0.05$），T4 工作重塑又显著低于 T5 工作重塑（$p < 0.05$），表明教师工作重塑可能呈现先降低再升高的 U 形变化趋势。

表 6-2 初任教师工作重塑的变化趋势

工作重塑	M	SD	F	两两比较
T1	4.01	0.40		
T2	3.96	0.44		T1 > T3、T4
T3	3.92	0.42	9.91**	T2 > T4
T4	3.91	0.47		T4 < T5
T5	3.99	0.48		

注：** 表示 $p < 0.01$。

② 工作投入

表 6-3 重复测量方差分析结果表明，T1-T5 工作投入的平均得分存在显著差异（$F_{(4,1536)} = 16.99, p < 0.01$）。Bonferroni 多重比较结果表明，T1 工作投入显著低于 T2 和 T5 工作投入（$p < 0.05$），T2 工作投入显著高于 T3 和 T4 工作投入（$p < 0.05$），T3 和 T4 工作投入显著低于 T5 工作投入（$p < 0.05$），表明教师工作投入可能呈现先增加再降低然后再增加的波浪形变化趋势。

表 6-3 初任教师工作投入的变化趋势

工作投入	M	SD	F	两两比较
T1	3.74	0.53		
T2	3.86	0.56		T1 < T2、T5
T3	3.80	0.58	16.99**	T2 > T3、T4
T4	3.76	0.60		T3 < T5
T5	3.91	0.60		T4 < T5

注：** 表示 $p < 0.01$。

③ 人际关系

表 6-4 重复测量方差分析结果表明,T1-T5 人际关系的平均得分存在显著差异($F_{(4,1536)}=15.13,p<0.01$)。Bonferroni 多重比较结果表明,T1 和 T2 人际关系显著低于 T3、T4、T5 人际关系($p<0.05$),表明教师人际关系可能在短时间内迅速增加并逐渐趋于稳定。

表 6-4　初任教师人际关系的变化趋势

人际关系	M	SD	F	两两比较
T1	3.97	0.86		
T2	3.97	0.97		
T3	4.13	0.80	15.13**	T1 < T3、T4、T5
T4	4.20	0.77		T2 < T3、T4、T5
T5	4.21	0.78		

注:** 表示 $p<0.01$。

④ 工作绩效

表 6-5 重复测量方差分析结果表明,T1-T5 工作绩效的平均得分存在显著差异($F_{(4,1536)}=6.55,p<0.01$)。Bonferroni 多重比较结果表明,T2 工作绩效显著低于 T4 工作绩效($p<0.05$),T3 工作绩效显著低于 T4、T5 工作绩效($p<0.05$),表明教师工作绩效可能呈现缓慢增加的趋势。

表 6-5　初任教师工作绩效的变化趋势

工作绩效	M	SD	F	两两比较
T1	3.78	0.59		
T2	3.74	0.62		
T3	3.69	0.66	6.55**	T2 < T4
T4	3.86	0.62		T3 < T4、T5
T5	3.80	0.75		

注:** 表示 $p<0.01$。

⑤ 消极情绪

表 6-6 重复测量方差分析结果表明,T2-T5 消极情绪的平均得分存在显著差异($F_{(3,1152)}=7.87,p<0.01$)。Bonferroni 多重比较结果表明,T2 消极情绪显著高于 T5 消极情绪($p<0.05$),T3 消极情绪显著高于 T4、T5 消极情绪($p<$

0.05)，表明教师消极情绪可能呈现缓慢降低的趋势。

表6-6 初任教师消极情绪的变化趋势

消极情绪	M	SD	F	两两比较
T2	2.31	0.77		
T3	2.33	0.79	7.87**	T2 > T5
T4	2.23	0.82		T3 > T4、T5
T5	2.17	0.80		

注：** 表示 $p < 0.01$。

⑥ 职业认同

表6-7 重复测量方差分析结果表明，T1-T5 职业认同的平均得分存在显著差异（$F_{(4,1536)} = 9.32, p < 0.01$）。Bonferroni 多重比较结果表明，T1 职业认同显著高于 T2、T3、T4 职业认同（$p < 0.05$），三者又显著低于 T5 职业认同（$p < 0.05$），但是 T1 与 T5 职业认同不存在显著差异（$p > 0.05$）。进一步利用 HLM 6.08 检验职业认同的变化趋势，将 T1 设置为0作为比较基准。结果表明，线性模型 M1 的斜率不显著（$\gamma_{10} = 0.00, t = 0.35, p > 0.05$），但是非线性模型 M2 中时间二次方的斜率达到显著水平（$\gamma_{20} = 0.02, t = 6.18, p < 0.01$），表明初任教师职业认同存在先降低再升高的 U 形非线性变化趋势。

表6-7 初任教师职业认同的变化趋势

职业认同	M	SD	F	两两比较
T1	4.13	0.40		T1 > T2、T3、T4
T2	4.08	0.48		T2 < T5
T3	4.04	0.49	9.32**	T3 < T5
T4	4.07	0.51		T4 < T5
T5	4.14	0.52		

注：** 表示 $p < 0.01$。

以往研究者普遍认为，教师职业认同始终处于一种"不断成为"的动态发展和持续构建的过程之中（Filomena，Maria，2019）。杨玲（2014）将职业认同在教师整个职业生涯中的发展过程分为三个阶段：职前阶段（包括职业朦胧期和职业初定期）、入职阶段（包括职业初入期和职业适应期）、成熟阶段（包括职业高原期和职业稳定期）。但是不论在哪个阶段，教育实践对促进教师职业认同的发展起至关重要的作用。教育实习是师范生第一次以教师身份体验真实的教育教学情境,这一时期是他们"现实冲击"较为剧烈的阶段,也是他们习得教师工作技能、群体规范、价值体系等方面信息的社会化阶段(周寰等,2014)。因此,初任教师可能会根据其实习期间的所见所闻调整先前以学生身份构建的职业认知和期望,其职业认同也可能发生相应的变化。

初任教师第一周的职业认同水平相对较高,这可能是由于师范教育一直将职业理想与信念教育作为重中之重,从而使他们高度认同教师职业的内在价值。第二周至第四周职业认同迅速降低,这可能是因为初任教师以往从未以教师的身份体验其工作角色和社会身份,对教师职业的认识较为肤浅和理想化,因此其心理预期和社会现实发生冲突和偏差,从而导致职业认同的短暂下降。第五周职业认同恢复到最初水平,表明初任教师逐渐调整、修正他们对教师职业的认知,重新认识教师职业的内在价值,从而促进其职业认同的发展。谢淑海(2016)认为,初任教师在实习期间会经历一种"形构"过程,即经历现实震撼后的自我觉醒,继而主动反思和行动,在前期身份与现实期待的协商中重构教师身份。因此,虽然第五周初任教师的职业认同水平与第一周在统计学上并无显著差异,但是这是他们在体验了教师真实的工作角色和社会身份之后形成的更为理性的职业认同,因此其性质可能与第一周截然不同。

(2)主动性人格对初任教师职业心理的影响

① 相关分析结果

主动性人格与初任教师职业心理的相关分析结果如表6-8。

表6-8 主动性人格与初任教师职业心理的相关分析

变量	主动性人格				
	T1	T2	T3	T4	T5
工作重塑	0.53**	0.51**	0.53**	0.66**	0.59**
工作投入	0.48**	0.48**	0.51**	0.59**	0.55**
人际关系	0.17**	0.13*	0.39**	0.33**	0.20**
工作绩效	0.35**	0.38**	0.41**	0.60**	0.34**
消极情绪		-0.35**	-0.45**	-0.30**	-0.25**
职业认同	0.41**	0.46**	0.46**	0.60**	0.49**

注:* 表示 $p < 0.05$;** 表示 $p < 0.01$。

结果发现,主动性人格与T1-T5工作重塑呈中等程度的显著正相关($p <$

0.01），相关系数介于0.51—0.66，表明主动性人格水平越高的初任教师，他们更可能会进行工作重塑，从而构建出更有利于个体成长的工作环境。

主动性人格与T1－T5工作投入呈中等程度的显著正相关（$p<0.01$），相关系数介于0.48—0.59，表明主动性人格水平越高的初任教师，他们更可能在工作中表现出积极的、充实的工作状态。

主动性人格与T1－T5人际关系呈低等程度的显著正相关（$p<0.01$），相关系数介于0.13—0.39，表明主动性人格水平越高的初任教师，他们与同事、领导等的人际关系可能更好。

主动性人格与T1－T5工作绩效呈中低程度的显著正相关（$p<0.01$），相关系数介于0.34—0.60，表明主动性人格水平越高的初任教师，他们的工作绩效水平可能也越高。

主动性人格与T2－T5消极情绪呈中低程度的显著负相关（$p<0.01$），相关系数的绝对值介于0.25—0.45，表明主动性人格水平越高的初任教师，他们在工作中体验到的消极情绪程度也越低。

主动性人格与T1－T5职业认同呈中等程度的显著正相关（$p<0.01$），相关系数介于0.41—0.60，表明主动性人格水平越高的初任教师，他们对教师这一职业的职业认同可能也越高。

② 主动性人格对工作投入的影响

我们采取交叉滞后面板模型（cross－lagged panel model，CLPM）探讨主动性人格对教师职业心理的影响。CLPM是探讨变量之间动态关系的统计学手段，它包括两种效应，第一种效应是自回归效应，即某变量先前的水平对其当前水平的影响；第二种效应是交叉滞后效应，即某变量先前的水平对另一变量当前水平的影响。CLPM的回归公式如下所示：

$$x_{it} = \beta_{xt}x_{i(t-1)} + \gamma_{xt}y_{i(t-1)} + d_{xit} \tag{1}$$

$$y_{it} = \beta_{yt}y_{i(t-1)} + \gamma_{yt}x_{i(t-1)} + d_{yit} \tag{2}$$

其中β_{xt}和β_{yt}分别为变量x和变量y的自回归系数，γ_{xt}和γ_{yt}分别为变量y对变量x和变量x对变量y的交叉滞后系数，d_{xit}和d_{yit}分别为变量x和变量y的回归残差。自回归系数反映了变量的稳定性，交叉滞后系数反映了在控制某变量前一时刻对其当前时刻的影响之后，预测变量对该变量的历时性影响，因此该系数是推断变量之间动态纵向关系的关键所在。

本研究假设主动性人格促进初任教师采取积极措施对工作进行工作重塑，从而促进他们的工作投入，研究结果如图6－1所示。

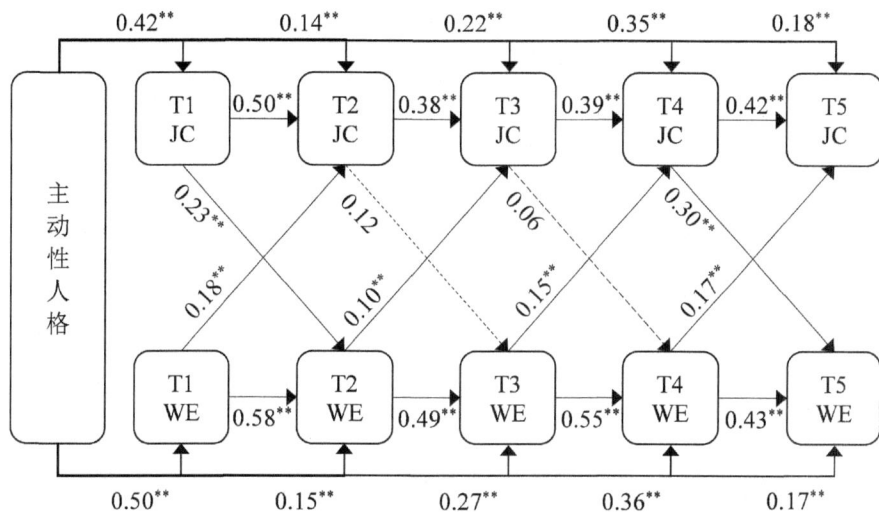

图 6-1　主动性人格对工作投入的影响

结果表明，假设模型拟合较好[$\chi^2(12)=68.40, RMSEA=0.10, CFI=0.99,$ $TLI=0.94$]，控制自回归效应后，主动性人格对工作重塑($\beta=[0.14,0.42], p<$ 0.01)和工作投入($\beta=[0.15,0.50], p<0.01$)存在显著的正向影响，T1 和 T4 工作重塑分别显著地正向预测 T2 和 T5 工作投入($\beta=0.23, p<0.01; \beta=0.30,$ $p<0.01$)，而 T1-T4 工作投入分别正向地预测后一周的工作重塑($\beta=[0.10,$ $0.18], p<0.01$)。为了简化模型，我们进一步假设主动性人格对 T1-T5 工作重塑和工作投入的回归系数、工作重塑和工作投入的自回归效应及工作重塑和工作投入之间的交叉滞后效应跨时间相等。该模型拟合度虽然比假设模型稍差[$\chi^2(32)=148.48, RMSEA=0.09, CFI=0.97, TLI=0.95$]，但是该模型也是可以接受的。该模型中主动性人格显著地正向预测工作重塑($\beta=0.27,$ $p<0.01$)和工作投入($\beta=0.29, p<0.01$)，工作重塑和工作投入的自回归效应显著($\beta=0.40, p<0.01; \beta=0.50, p<0.01$)，工作重塑对工作投入存在正向的交叉滞后效应($\beta=0.14, p<0.01$)，工作投入也对工作重塑存在正向的交叉滞后效应($\beta=0.14, p<0.01$)。

③ 主动性人格对人际关系的影响

本研究假设主动性人格促进初任教师采取积极措施进行工作重塑，从而促进他们与其他同事或领导保持良好的人际关系，研究结果如图 6-2 所示。

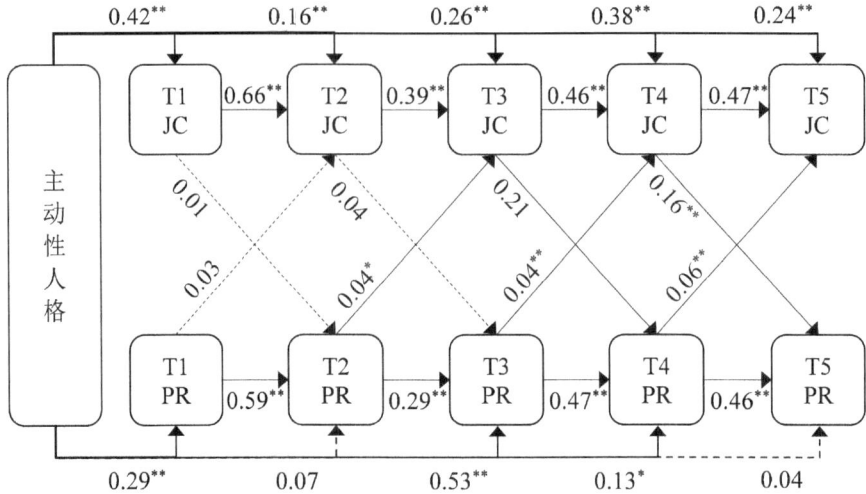

图 6-2　主动性人格对人际关系的影响

结果表明,假设模型拟合较好[$\chi^2(12) = 36.55, RMSEA = 0.07, CFI = 0.99, TLI = 0.95$],控制自回归效应后,主动性人格对工作重塑($\beta = [0.16, 0.42], p < 0.01$)和 T1、T3、T4 人际关系($\beta = [0.13, 0.53], p < 0.05$)存在显著的直接影响,T3 和 T4 工作重塑分别显著地正向预测 T4 和 T5 人际关系($\beta = 0.21 p < 0.01; \beta = 0.16, p < 0.01$),而 T2、T3、T4 人际关系分别正向预测后一周的工作重塑($\beta = [0.04, 0.06], p < 0.05$)。为了简化模型,我们进一步假设主动性人格对 T1-T5 工作重塑和人际关系的回归系数、工作重塑和人际关系的自回归效应及工作重塑和人际关系之间的交叉滞后效应跨时间相等。该模型拟合度虽然比假设模型稍差[$\chi^2(32) = 148.48, RMSEA = 0.09, CFI = 0.97, TLI = 0.95$],但是也是可以接受的。该模型中主动性人格显著地正向预测工作重塑($\beta = 0.28, p < 0.01$)和人际关系($\beta = 0.09, p < 0.01$),工作重塑和人际关系的自回归效应显著($\beta = 0.41, p < 0.01; \beta = 0.54, p < 0.01$),工作重塑对人际关系存在显著的正向交叉滞后效应($\beta = 0.12, p < 0.01$),人际关系也对工作重塑存在显著的正向交叉滞后效应($\beta = 0.07, p < 0.01$)。

④ 主动性人格对工作绩效的影响

本研究假设主动性人格促进初任教师采取积极措施进行工作重塑,从而促进他们的工作绩效,研究结果如图 6-3 所示。

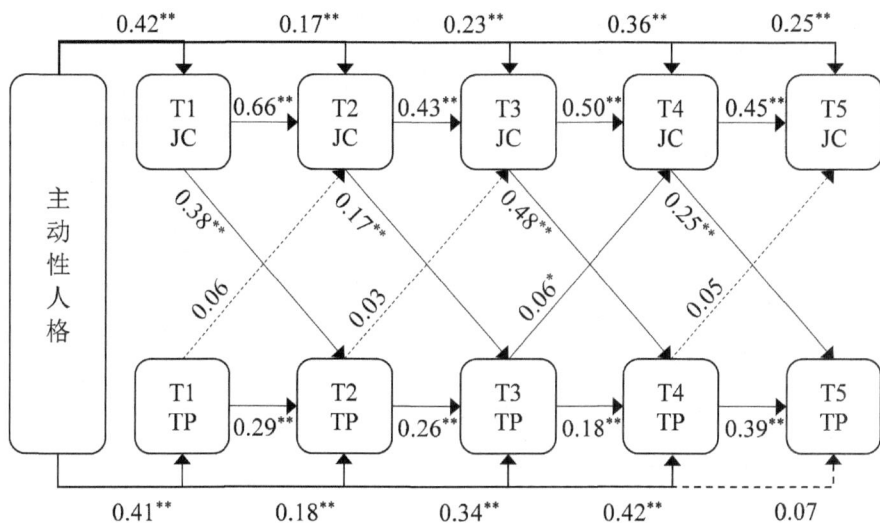

图 6 - 3 主动性人格对工作绩效的影响

结果表明,假设模型拟合稍差[$\chi^2(12) = 77.84, RMSEA = 0.12, CFI = 0.98$, $TLI = 0.90$],但也是在可接受的范围之内。控制自回归效应后,主动性人格对工作重塑($\beta = [0.17, 0.42], p < 0.01$)和 T1 - T4 工作绩效($\beta = [0.18, 0.42]$, $p < 0.01$)存在显著的直接影响,T1 - T4 工作重塑分别正向预测后一周的工作绩效($\beta = [0.17, 0.48], p < 0.01$),T3 工作绩效显著地正向预测后一周的工作重塑($\beta = 0.06, p < 0.05$)。为了简化模型,我们进一步假设主动性人格对 T1 - T5 工作重塑和工作绩效的回归系数、工作重塑和工作绩效的自回归效应及工作重塑和工作绩效之间的交叉滞后效应跨时间相等。该模型拟合良好[$\chi^2(32) = 155.01, RMSEA = 0.09, CFI = 0.95, TLI = 0.92$],且比假设模型更简单,因此是可以接受的。该模型中主动性人格显著地正向预测工作重塑($\beta = 0.29, p < 0.01$)和工作绩效($\beta = 0.30, p < 0.01$),工作重塑和工作绩效的自回归效应显著($\beta = 0.45, p < 0.01; \beta = 0.23, p < 0.01$),工作重塑对工作绩效存在显著的正向交叉滞后效应($\beta = 0.36, p < 0.01$),任务绩效也对工作重塑存在显著的正向交叉滞后效应($\beta = 0.06, p < 0.01$)。

⑤ 主动性人格对消极情绪的影响

本研究假设主动性人格促进初任教师采取积极措施进行工作重塑,从而促使他们在工作中表现出较低程度的消极情绪,研究结果如图 6 - 4 所示。

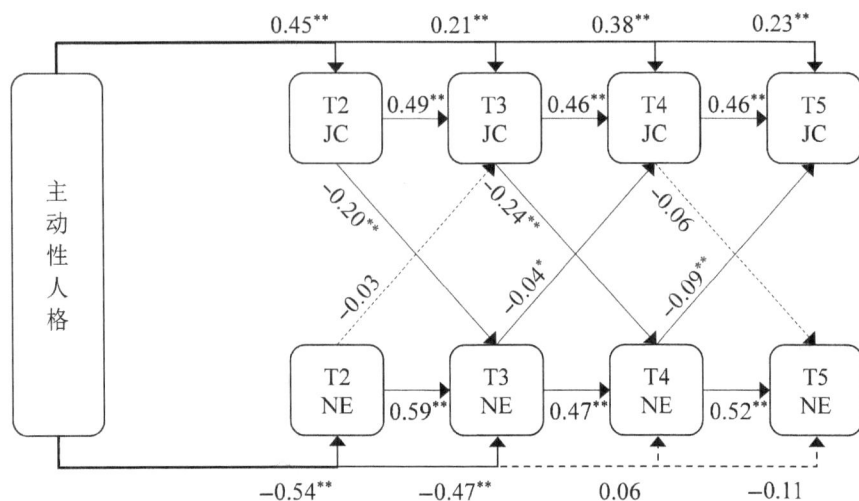

图 6 - 4　主动性人格对消极情绪的影响

结果表明,假设模型拟合良好[$\chi^2(6) = 28.15$, $RMSEA = 0.09$, $CFI = 0.99$, $TLI = 0.93$]。控制自回归效应后,主动性人格对工作重塑($\beta = [0.21, 0.45]$, $p < 0.01$)和 T2、T3 消极情绪($\beta = -0.54$, $p < 0.01$; $\beta = -0.47$, $p < 0.05$)存在显著的直接影响,T2、T3 工作重塑分别负向预测后一周的消极情绪($\beta = -0.20$, $p < 0.01$; $\beta = -0.24$, $p < 0.01$),T3、T4 消极情绪分别负向预测后一周的工作重塑($\beta = -0.04$, $p < 0.05$; $\beta = -0.09$, $p < 0.05$)。为了简化模型,我们进一步假设主动性人格对 T1 - T5 工作重塑和消极情绪的回归系数、工作重塑和消极情绪的自回归效应、工作重塑和消极情绪之间的交叉滞后效应跨时间相等。该模型拟合稍差[$\chi^2(20) = 113.04$, $RMSEA = 0.10$, $CFI = 0.95$, $TLI = 0.91$],但比假设模型更简单,因此是可以接受的。该模型中主动性人格显著预测工作重塑($\beta = 0.31$, $p < 0.01$)和消极情绪($\beta = -0.31$, $p < 0.01$),工作重塑和消极情绪的自回归效应显著($\beta = 0.44$, $p < 0.01$; $\beta = 0.52$, $p < 0.01$),工作重塑对消极情绪的交叉滞后效应不显著($\beta = 0.06$, $p > 0.05$),但是消极情绪对工作重塑存在显著的负向交叉滞后效应($\beta = -0.05$, $p < 0.01$)。

⑥ 主动性人格对职业认同的影响

本研究假设主动性人格促进初任教师采取积极措施进行工作重塑,从而促使他们对教师这一职业形成更高程度的职业认同,研究结果如图 6 - 5 所示。

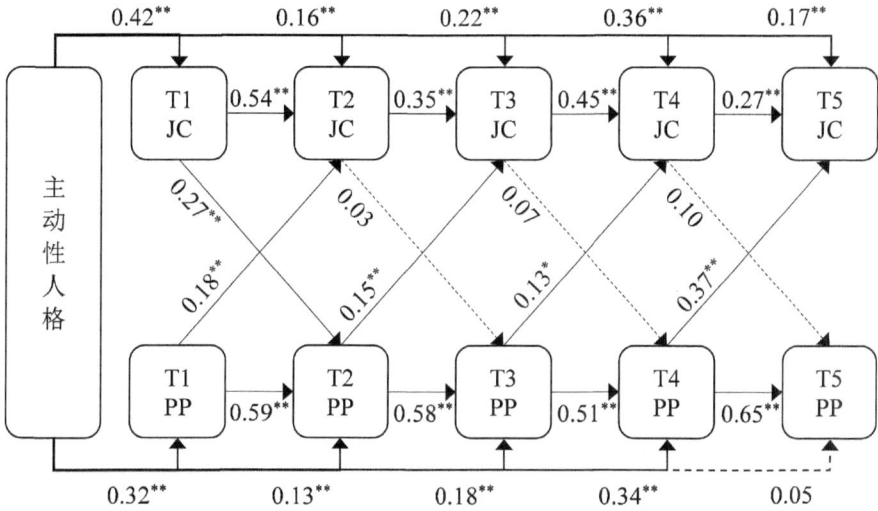

图 6-5 主动性人格对职业认同的影响

结果表明，假设模型拟合较好$[\chi^2(12)=71.43, RMSEA=0.10, CFI=0.99,$ $TLI=0.93]$，控制自回归效应后，主动性人格对工作重塑($\beta=[0.16,0.42], p<0.01$)和 T1-T4 职业认同($\beta=[0.13,0.34], p<0.01$)存在显著的直接影响，T1 工作重塑显著地正向预测后一周的职业认同($\beta=0.27, p<0.01$)，而 T1-T5 职业认同分别正向预测后一周的工作重塑($\beta=[0.13,0.37], p<0.01$)。为了简化模型，我们进一步假设主动性人格对 T1-T5 工作重塑和职业认同的回归系数、工作重塑和职业认同的自回归效应及工作重塑和职业认同之间的交叉滞后效应跨时间相等。该模型拟合良好$[\chi^2(32)=169.92, RMSEA=0.09, CFI=0.96, TLI=0.94]$，且比假设模型更简单，因此是可以接受的。该模型中主动性人格显著地正向预测工作重塑($\beta=0.27, p<0.01$)和职业认同($\beta=0.22, p<0.01$)，工作重塑和职业认同的自回归效应显著($\beta=0.39, p<0.01; \beta=0.55, p<0.01$)，工作重塑对职业认同存在显著的正向交叉滞后效应($\beta=0.10, p<0.01$)，职业认同也对工作重塑存在显著的正向交叉滞后效应($\beta=0.18, p<0.01$)。

综上所述，主动性人格对人际关系、工作绩效、职业认同存在显著的正向影响。那么，人际关系、工作绩效、职业认同三者之间又具有怎样的关系呢？

高主动性人格的初任教师在社会化过程中可能表现出更多的工作重塑行为，这些行为大体上可以归纳成两类：第一类是以提高工作绩效为导向的主动性行为；第二类是以维持和提升人际关系为导向的主动性行为（李超平等，2014）。

其一，高主动性人格的教师表现出更多的以工作任务为导向的主动性行为，如主动获取工作职责和工作目标等方面的信息、主动对其教学活动进行反思、主动争取领导和其他教师的工作指导和绩效反馈等，这些主动性行为有助于他们更好地掌握教师专业技能，从而获得更高的工作绩效。高工作绩效不仅可能使初任教师从教书育人中获得愉悦、自豪、满意等积极情感，同时还可能使他们对教师职业形成自我效能感、胜任感、人—职匹配感等积极的自我认知评价。根据社会认同理论，个体对其职业所形成的积极情感和自我认知评价有利于他们更好地接纳、认同自己所从事的职业，从而产生积极的职业认同。

其二，高主动性人格的教师还可能表现出以社会关系为导向的主动性行为（张燕红等，2018），如主动搜寻组织人际关系的信息，在社会交往中适时调整自己的行为、态度及策略，与拥有更多权力和资源的重要他人建立良好的社会交换关系等，从而使他们更易被其同事和领导接纳，建立起良好的人际关系网络。根据社会认同理论，个体在与他人的社会互动中通过"范畴化"将自己归属到某个特定群体，并依据群体的共享特征定义个体的自我概念，从而构建相应的社会认同（严鸣等，2011）。与同事和领导建立亲密的人际关系有助于满足初任教师的归属需要，促进其内部人身份和群体身份的感知，从而使他们更容易认同教师群体共有的价值观念和群体规范。同事和领导也可能主动地为初任教师提供角色内、外行为期望与规范等方面的信息，从而促进其职业认同的发展。

因此，本研究认为主动性人格可能使教师更主动地适应环境，他们能做事（工作绩效高）、会做人（人际关系好），因此对教师职业产生更高的职业认同。

我们根据方杰等的建议采用逐步回归法检验这一假设。

首先，我们检验主动性人格对职业认同的直接效应 c。结果表明，控制时间、年龄、性别、专业等因素后，主动性人格显著地正向预测职业认同（$\gamma = 0.41$，$t = 164.57$，$p < 0.01$）。

其次，我们检验主动性人格对工作绩效和人际关系的直接效应 a_i。结果表明，控制时间、年龄、性别、专业等因素后，主动性人格显著地正向预测工作绩效（$\gamma = 0.60$，$t = 14.68$，$p < 0.01$）和人际关系（$\gamma = 0.39$，$t = 6.39$，$p < 0.01$）。

最后，我们检验主动性人格、工作绩效、人际关系同时对职业认同的预测效应 c' 和 b_i。结果表明，控制时间、年龄、性别、专业等因素后，工作绩效（$\gamma = 0.46$，$t = 15.57$，$p < 0.01$）和人际关系（$\gamma = 0.08$，$t = 7.89$，$p < 0.01$）显著地正向

预测职业认同,而主动性人格对职业认同的正向预测作用显著降低($\gamma = 0.13$,$t = 3.22$,$p < 0.01$)。因此,工作绩效和人际关系部分中介主动性人格对职业认同的影响,其中介效应分别为 0.2753 与 0.0328,总效应为 0.4371。

值得注意的是,工作绩效的中介效应远远大于人际关系的中介效应,前者占总效应的 63%,而后者仅占总效应的 8%,因此初任教师更应该关注"做事"而不是"做人"。教育实习的主要目的是使师范生掌握教学设计与实施、班级管理、学生指导等方面的能力,因此初任教师可能更在意其工作表现,从而采取更多的主动性行为提升其工作业绩;而工作能力强、工作业绩突出的初任教师更可能被学校重视,得到更多的支持和资源,从而产生更积极的职业认同(张皖等,2018)。人际关系的中介效应虽然也达到显著水平,但其效应量较小,这可能是因为初任教师并未将自己视为真正的在职教师,他们维持人际关系可能并不是为了长期的社会交换,而是为了短期的资源获取,这可能削弱人际关系对职业认同发展的促进作用。事实上,以往研究表明,人际关系在整个职业生涯中都有助于提升教师职业认同(Filomena,Maria,2019)。

5. 理论意义

研究结果表明,主动性人格对初任教师工作重塑、工作投入、人际关系、工作绩效、职业认同具有显著的正向影响,而对消极情绪具有显著的负向影响,这与前人的研究结果基本一致(Crant et al.,2017)。高主动性人格的初任教师在自发性、前瞻性和变革性等方面具有明显优势,并积极将这种主动性意愿转化成实际行动,坚持不懈直至产生预期效果。因此,对高主动性人格的初任教师来讲,职业心理的发展过程是一个主动建构的过程,是他们主动应对环境变化的机遇和挑战的结果。因此,教师能否构建积极职业心理的关键在于他们能否积极主动地应对职业压力和挑战。具有积极人格特质的教师可能具有更好的社会适应能力,他们能更轻松地面对压力和逆境,即使面临不利社会处境也能够勇敢地面对并采取有效的、灵活的、创造性的解决措施,帮助个体自身和他人更幸福地生活。

6. 实践意义

在顶层设计上,教育主管部门需要加强师范生职业人格适应性评估,以此为据进一步优化师范生准入和退出机制。师范院校可将主动性人格作为职业人格教育的切入点,引导师范生学会如何主动调控其行为和心态,从而更加积极、主动地应对纷繁复杂的职场环境;师范生教育的课程设置和教学内容既需要强调知识性和理论性,同时还需要加强教学技能、人际沟通等方面的专业技能和职业素养,帮助师范生做好职前准备。实习期间,实习学校一方面需要为初任教师提供教学技能培训和指导,提升其工作绩效,另一方面还需要构建融洽、和谐的人际环境,促进初任教师更好地融入学校的关系网络。如此双管齐下,共同促进初任教师形成良好的职业心理。初任教师也需要转变思想观念和工作方式,从被动适应转向主动应对,从而更好地适应角色和环境变化。

二、教师职业心理健康的促进策略

积极心理学构建了一种全新的人文主义关怀精神,它主张以人们实际的或潜在的、具有建设性的力量和美德为出发点,用积极的视角解读人的心理和问题,从而帮助他们最大限度地挖掘自己的潜力并过上幸福的生活(任俊,叶浩生,2005)。自 20 世纪 90 年代末期以来,积极心理学探索提升人类积极情感体验、积极人格、积极社会环境系统,从而提升人类主观幸福感,其基本干预策略包括认识和运用积极特质、感知和欣赏积极体验、训练和养成积极思维等(段文杰,卜禾,2018)。

1. 认识和运用积极特质

基于性格优势的干预(character strengths - based intervention)是目前积极心理学运用最广泛的一种干预策略,其基本过程包括认识—探索—运用三个步骤。在认识阶段,参与者通过问卷测评等方法对自己的性格进行评价、识别自己突出的性格优势;在探索阶段,参与者通过观察他人的性格优势、想象自己最好的状态等方式来增强自己认识性格优势的技巧;在运用阶段,参与者学习在日常生活中如何更好地使用自己的性格优势,并通过不断的练习提升幸福感。认知行为理论认为,认知偏差在心理障碍和疾病的发生、发展及维持过程中起重要的推动作用,因此帮助人们重构积极的自我认知和适应性技能,促进行为改变,可以改善个体心理障碍和疾病。

比如,Martínez 等(2014)针对"欣赏美的能力"设计了为期 3 周的在线课程,包括美的日记、美的意识、美的作品、美的分享等,帮助参与者提升对美的感知、接触美的事物、领悟美的作用,从而提升美感和幸福感。

又比如,Duan 和 Bu(2017)针对大学新生适应困难问题,将基于性格优势的干预与传统认知行为疗法相结合设计了 90 分钟的小组干预和一周的自主活动干预。在认知干预阶段,通过认识优势、他人 360°评价自己的优势、突出优势、制订目标等方式帮助学生认识自身的性格优势;在自主活动干预阶段,鼓励学生运用优势达成目标。提升优势意识和优势使用可以降低负面情绪,提升幸福感。

Luthans 强调以人的积极心理力量为核心的心理资本,包括自我效能感、希望、乐观和坚韧性四个维度(仲理峰,2007)。提高自我效能感的方法包括:体验成功,他人的经验或榜样作用,社会说服,以及生理和心理唤醒。提高希望的步骤包括:确定目标,分解目标,确定实现目标的方法并制订相应的计划,享受实现目标的乐趣,遇见障碍和困难时坚持不懈、调整目标或实现目标的路径。提高乐观的主要方法包括:宽容过去,学会接受自己过去的失败、错误和挫折;欣赏现在,感激、满足于现在生活的积极一面;展望未来,为未来进步和发展寻找机会,并采取积极、自信的应对态度。提高坚韧性的方法包括:危险中心策略,减少可能增加不利结果的危险和紧张刺激;资源中心策略,增加可能带来积极结果而没有危险的资源;过程中心策略,聚集适应系统的能量。

2. 感知和欣赏积极体验

拓展和建构理论(Broaden and Build Theory)认为,积极情绪(快乐、满足、骄傲、自豪等)在积极心理干预中发挥着重要的作用,它们对个体的思维—行动模式具有瞬时的拓展功能,从而帮助他们建构个人资源和社会资源,继而帮助他们建构起可以持续到未来的积极特质。因此,感知和欣赏积极体验的作用机制在于通过提升个体的积极情绪来帮助他们拓展认知和行动,建构资源,应对困境,从而使其积极人格特质处于一种螺旋式上升的状态。积极心理学通过提升个体感恩、品味、心流等方式帮助他们感知和体验积极情绪,从而提升幸福感。

感恩具有广泛的社会适应性功能,它不仅有助于个体缓解压力和消极情绪,还能提升其亲社会行为和幸福感。丁凤琴等(2018)采用元分析技术探讨了感恩与个体心理之间的关系,发现感恩与主观幸福感、生活满意度、积极情感呈显著正相关,而与消极情感则呈显著负相关。提升感恩的策略主要包括三种:第一种是通过感恩记录(感恩清单、感恩日记等)帮助个体知觉自己的受助经历,比如 Parks 和 Diener(2013)通过记录"三件好事"帮助个体获得积极情绪体验;第二种策略是表达感恩行为(感谢信、感恩拜访等),比如 Seligman 等(2005)要求成人被试书写一封感恩信件并寄送给施惠者,结果表明该策略显著地提高了被试即时的和一个月之后的感恩和幸福感;第三种策略是感恩心理教育活动(感恩图、感恩树等)。

心流是个体全身心投入某项活动时表现出的愉悦的巅峰体验。心流有九大典型特征,包括活动挑战性与自身技能相对平衡、行动与意识相互融合、活动目的明确、即刻反馈、高度投入、高度控制感、自我意识丧失、活动的内在奖励、时间体验失真。尽管日常生活中个体较少体验心流,但是一旦条件满足,几乎任何一种活动都可能使个体产生心流体验,这些条件包括:第一,所进行的活动必须具有明确的目标、规则和评价标准;第二,活动挑战性与自身技能相对平衡;第三,个体具有"自带目的性人格"和高注意力的积极品质(任俊等,2009)。

品味是个体能够控制自己的注意力,产生、欣赏、增强积极情绪的能力。品位与正念既有相似之处,也有不同之处,其不同之处在于正念强调对当下情绪(积极的或消极的)觉察,而品味强调把注意力放在积极的情绪体验。Bryant 和 Veroff(2007)提出三种提升品位的方法,包括日常假期练习,发现生活中的点滴美好;生活回顾练习,把自己的积极想法串联起来形成快乐思维序列;定格瞬间练习,集中注意充分享受每一刻带来的快乐。积极心理学认为,个体可以从满足社会需要与追求自尊的忧虑中解放出来,没有必要执着于对物质和高峰体验的追求,每天花点时间回味我们习以为常的事情(吃饭、洗澡、上课等),品味当下,增强自己的积极情绪体验(郭丁荣等,2013)。

3. 训练和养成积极思维

在纷繁复杂、变化迅猛的现代社会,人们较以往更容易遭遇挫折与沮丧,如果能够学会控制自己的思维,保持理性的正向思考模式,生活可能更幸福。训练和养成积极思维有助于个体以积极的方式探索并实现目标(如希望疗法),并用积极的信念促进最优的功能(如幸福疗法)。

希望疗法是基于积极心理学家 Snyder 的希望理论而提出的干预方法,在改善身心症状、帮助矫正行为、维护心理健康、促进个体适应、激发个体成长等方面效果显著。希望是一种以目标为导向的积极思维,包括目标思维、动力思维和路径思维(刘孟超等,2013)。希望疗法可以作为一种独立的干预方法。一方面,帮助个体从积极的视角回顾自己的过往经历和所取的成绩,并帮助他们明确所追求的目标,给他们灌输希望;另一方面,帮助个体寻找克服困难、达成目标的方法和路径,并增强他们的动力思维来增强其实现目标的动机。希望疗法也可以融入传统心理干预,如将希望干预与药物干预进行结合以提高患者的生活质量。谢丹等(2016)提出了基于希望的综合干预模型,包括意向阶段、建立新模式阶段以及维持新模式阶段,其中每一个阶段都包含如何提升路径思维和动力思维。

幸福疗法是基于 Ryff(1989)的幸福感多维模型而发展起来的一种短期干预策略。幸福疗法所采用的技术与认知行为疗法比较接近,主要包括认知重组、愉快的活动、自信训练、增加乐观和积极思维等。与认知行为疗法不同的是,幸福疗法的关注重点是增强幸福感并促进最优的功能,而不仅仅是减轻痛苦。Fava(2016)将幸福疗法分成三个阶段:第一个阶段主要是帮助参与者认识使他们体验到最佳幸福感的情境;第二个阶段主要是鼓励参与者识别导致不幸福的想法和信念,改变个体对幸福的信念和态度,促进个人成长,强化积极行为;第三个阶段主要是修正影响参与者幸福感维度的想法和信念。

值得注意的是,积极心理学有过度倡导积极体验、夸大积极品质作用之嫌,使人感觉积极心理是应对所有问题的万能良药,这可能导致另一种非理性思维和极端心理的出现。近年来的研究还表明,越追求幸福反而可能越难以体验到幸福,即"追求积极的悖论"(Mauss et al.,2012),其原因包括三个方面:一是个体将快乐的标准设置过高;二是个体可能通过不恰当的方式去获得快乐;三是个体频繁地自我监控,从而干扰了对积极心态的正常发展。上述问题在一定程度上说明积极心理学在应用中尚存在诸多不足之处,需要不断地进行完善。

参考文献

[1] 边玉芳,滕春燕,2003.教师心理健康内隐观研究[J].心理科学,26(3):483-486.

[2] 蔡华俭,黄梓航,林莉,等,2020.半个多世纪来中国人的心理与行为变化:心理学视野下的研究[J].心理科学进展,28(10):1599-1618.

[3] 曹新美,刘翔平,2008.从习得无助、习得乐观到积极心理学:Seligman对心理学发展的贡献[J].心理科学进展,16(4):562-566.

[4] 柴晓运,龚少英,段婷,等,2011.师生之间的动机感染:基于社会认知的视角[J].心理科学进展,19(8):1166-1173.

[5] 陈富,郝鹏翔,2022.我国教师工资及其位序的时空特征:1988-2018[J].教师教育研究,34(1):32-39.

[6] 陈怡帆,2017.乡村小学教师工作价值观对职业承诺的影响研究[D].南昌:南昌大学.

[7] 程海云,朋玉环,2012.心理健康标准的研究回顾与探新[J].赤峰学院学报(自然科学版),28(12):194-197.

[8] 狄文婧,2008.我国农村教师心理健康状况的元分析[J].青海师专学报,28(6):91-94.

[9] 翟宏堃,李强,魏晓薇,2021.2009—2018年国际心理健康素养领域研究主题及其演化路径[J].西南民族大学学报(人文社会科学版),42(3):217-223.

[10] 丁凤琴,赵虎英,2018.感恩的个体主观幸福感更强?:一项元分析[J].心理科学进展,26(10):1749-1764.

[11] 董星辰,夏巍,2021.我国幼儿教师形象认知变迁研究:基于近二十年新浪、搜狐与腾讯新闻报道的内容分析[J].陕西学前师范学院学报,37(4):62-68.

[12] 段锦云,杨静,朱月龙,2020.资源保存理论:内容、理论比较及研究展望[J].心理研究,13(1):49-57.

[13] 段文杰,卜禾,2018.积极心理干预是"新瓶装旧酒"吗?[J].心理科学进展,26(10):1831-1843.

[14] 樊云云,陈富,2020.我国教师职业声望变化研究:基于2010—2020年调查数据[J].教育评论(11):126-130.

[15] 范红英,王国莉,吴宇辉,2012.惠州市教师群体生理健康状况的调查与分析[J].中国煤炭工业医学杂志,15(7):1067-1070.

[16] 范会勇,李晶晶,赵曼璐,等,2016.幼儿园教师的心理健康:对基于SCL-90量表研究的元分析[J].心理科学进展,24(1):9-20.

[17] 范涌峰,吴钰茜,2023.教师新课标适应性困境:表征与突破[J].教师发展研究,7(1):91-98.

[18] 冯伯麟,1996.教师工作满意及其影响因素的研究[J].教育研究(2):42-49.

[19] 冯虹,陈士俊,张杨,2010.初中教师工作满意度的调查研究[J].心理与行为研究,8(2):141-145,154.

[20] 傅海伦,张丽,2020.中小学乡村教师消极情绪体验的社会学分析:以山东省域数据调查为例[J].山东师范大学学报(社会科学版),65(1):116-125.

[21] 傅小兰,张侃,陈雪峰,等,2022.心理健康蓝皮书:中国国民心理健康发展报告(2021—2022)[M].北京:社会科学文献出版社.

[22] 傅小兰,张侃,陈雪峰,2021.心理健康蓝皮书:中国国民心理健康发展报告(2019—2020)[M].北京:社会科学文献出版社.

[23] 傅小兰,张侃,陈雪峰,2019.心理健康蓝皮书:中国国民心理健康发展报告(2017—2018)[M].北京:社会科学文献出版社.

[24] 傅鑫媛,辛自强,楼紫茜,等,2019.基于助推的环保行为干预策略[J].心理科学进展,27(11):1939-1950.

[25] 关翩翩,李敏,2015.生涯建构理论:内涵、框架与应用[J].心理科学进展,23(12):2177-2186.

[26] 关宇霞,张积家,2018.跨越式的社会变迁对微小民族的心理冲击:以使鹿鄂温克人为例[J].贵阳学院学报(社会科学版),13(3):38-46.

[27] 郭丁荣,任俊,张振新,等,2013.品味:主动用心地感受积极体验[J].

心理科学进展,21(7):1262 – 1271.

[28] 郭惠智,1985.教师的情绪对教学的影响[J].心理发展与教育(2):59 – 52.

[29] 胡青,王胜男,张兴伟,程斌,孙宏伟,2011.工作中的主动性行为的回顾与展望[J].心理科学进展,19(10):1534 – 1543.

[30] 胡晓阳,2021.小学初任教师教学效能感对专业成长的影响及提升策略研究[D].沈阳:沈阳大学.

[31] 黄杰,2016.学校人际与群际情绪对高中生学业情绪的影响及其机制研究[D].西安:陕西师范大学.

[32] 黄杰,2018.湖南乡村教师的生存状态与改善路径[J].湖南第一师范学院学报,18(06):61 – 66.

[33] 黄杰,吴国强,王延松,等,2015.工作要求 – 资源模型与工作倦怠的相互影响[J].心理科学,38(3):708 – 714.

[34] 黄杰,朱丹,杨澳,2023.实习初期教师职业认同的发展轨迹及其与主动性人格的关系:一项追踪研究[J].心理发展与教育,39(1):40 – 47.

[35] 黄杰,朱丹,周丽敏,2023.高中生感知的教师工作倦怠对其学习倦怠的感染效应:基于资源丧失的视角[J].心理发展与教育.待出版.

[36] 黄梓航,敬一鸣,喻丰,等,2018.个人主义上升,集体主义式微?:全球文化变迁与民众心理变化[J].心理科学进展,26(11):2068 – 2080.

[37] 贾绪计,蔡林,林琳,等,2020.高中生感知教师支持与学习投入的关系:学业自我效能感和成就目标定向的链式中介作用[J].心理发展与教育,36(6):700 – 707.

[38] 江光荣,李丹阳,任志洪,等,2021.中国国民心理健康素养的现状与特点[J].心理学报,53(2):182 – 201.

[39] 姜力铭,田雪涛,任萍,等,2022.人工智能辅助下的心理健康新型测评[J].心理科学进展,30(1):157 – 167.

[40] 金华,吴文源,张明园,1986.中国正常人 SCL – 90 评定结果的初步分析[J].中国神经精神疾病杂志,12(5):260 – 263.

[41] 阚慢玲,欧群慧,2019.我国新教师入职适应研究述评[J].赣南师范大学学报,40(4):71 – 76.

[42] 赖丹凤,伍新春,2011.基于自我决定理论的教师激励风格研究述评[J].心理科学进展,19(4):580 – 588.

［43］雷浩,王希婧,2022.我国中小学教师教学效能感的变迁规律研究:一项横断历史元分析［J］.教师教育研究,34(5):33-39.

［44］李蓓蕾,高婷,张莉莉,等,2022.学生感知的教师欺凌态度与学生欺凌行为的关系:学生欺凌态度的中介作用及其性别的调节作用［J］.心理发展与教育,38(3):348-357.

［45］李昌庆,2022.乡村教师心理健康服务需要及影响因素研究:以滇西北地区乡村教师为例［J］.教育观察,11(20):35-39.

［46］李超平,时勘,2003.分配公平与程序公平对工作倦怠的影响［J］.心理学报,35(5):677-684.

［47］李超平,苏琴,宋照礼,2014.互动视角的组织社会化动态跟踪研究［J］.心理科学进展,22(3):409-417.

［48］李广,2000.中国教师发展报告2022:中小学教师工作强度现实审视、面临挑战与调适策略［M］.北京:科学出版社.

［49］李佳洁,于彤彤,2020.基于助推的健康饮食行为干预策略［J］.心理科学进展,28(12):2052-2063.

［50］李金珍,王文忠,施建农,2003.积极心理学:一种新的研究方向［J］.心理科学进展,11(3):321-327.

［51］李珺珺,2018.教师创造性教学行为与初中生科学创造的关系［D］.太原:山西大学.

［52］李敏,杨全印,2020.教师积极心理品质:发展现状及培养对策分析［J］.教师教育研究,32(5):69-75.

［53］李倩,王传美,2018.我国中小学教师职业认同研究的元分析［J］.教育研究与实验(4):93-96.

［54］李晓东,张炳松,1999.自我效能,价值,课堂环境及学习成绩与学业求助的关系［J］.心理学报,31:435-443.

［55］李瑛,2018.中国教师职业心理健康:概念与结构［C］.第十六期中国现代化研究论坛论文集(1):139-146.

［56］李玉华,王桐,刘悦,等,2022.教师创造性教学行为与小学生创造性思维的关系:有调节的中介模型［J］.心理发展与教育,38(4):513-519.

［57］李志辉,王纬虹,2018.乡村教师离职意向影响因素实证研究:基于重庆市2505名乡村教师调查数据的分析［J］.教师教育研究,30(6):58-66.

［58］梁宇颂,2000.大学生成就目标、归因方式与学业自我效能感的研究［D］.武汉：华中师范大学.

［59］廖传景,胡瑜,朱倩云,2015.农村中小学教师职业压力、职业倦怠与社会支持的实证研究［J］.教师教育学报,2(2):26-32.

［60］廖传景,毛华配,杜红芹,等,2014.中小学教师职业使命感的结构与测量［J］.西南大学学报(自然科学版),36(3):160-166.

［61］廖友国,2015.教师职业成就感的现状与趋势:基于抽样的元分析研究［J］.教师教育学报,2(4):25-30.

［62］廖友国,连榕,2019.近三十年国民心理健康变迁的横断历史研究［J］.西南大学学报(社会科学版),45(2):105-116,197.

［63］林崇德,1999.教育的智慧［M］.北京:开明出版社.

［64］林颐宣,2020.主动性人格对小学教师工作满意度的影响:一个有调节的中介模型［J］.心理发展与教育,36(1):103-112.

［65］刘华山,2001.心理健康概念与标准的再认识［J］.心理科学,24(4):481-480.

［66］刘军强,熊谋林,苏阳,2012.经济增长时期的国民幸福感:基于CGSS数据的追踪研究［J］.中国社会科学(12):82-102,207-208.

［67］刘美玲,田喜洲,郭小东,2018.品格优势及其影响结果［J］.心理科学进展,26(12):2180-2191.

［68］刘孟超,黄希庭,2013.希望:心理学的研究述评［J］.心理科学进展(3):548-560.

［69］刘密,龙立荣,祖伟,2007.主动性人格的研究现状与展望［J］.心理科学进展,15(2):333-337.

［70］刘贤敏,周炎根,曹艳杰,等,2014.近十年我国教师职业倦怠状况的横断历史研究［J］.教育导刊(5):28-31.

［71］刘晓晴,2021.中小学教师角色压力对职业承诺的影响:工作控制感的中介作用［D］.福州:福建师范大学.

［72］刘梓艳,李东斌,廖瑜,等,2022.我国特岗教师职业认同研究的元分析［J］.赣南师范大学学报,43(1):128-134.

［73］卢家楣,2006.论情感教学模式［J］.教育研究(12):55-60.

［74］卢家楣,汪海彬,陈宁,2012.教师心理健康变迁的横断历史研究［C］.第十五届全国心理学学术会议论文摘要集:265.

［75］罗云,赵鸣,王振宏,2014.初中生感知教师自主支持对学习倦怠的影

响:基本心理需要、自主动机的中介作用[J].心理发展与教育,30(3):312-321.

[76] 骆伯巍,1996.教师的基本条件与心理健康的关系[J].教育评论(5):20-22.

[77] 马丹,李佩珍,2015.甘肃省民乐县小学、初中、高中教师睡眠质量及相关因素的比较分析[J].慢性病学杂志,16(5):511-514.

[78] 孟维杰,马甜语,2012.诠释与转换:积极心理健康及其当代理解[J].心理科学,35(1):243-247.

[79] 孟迎芳,连榕,郭春彦,2004.专家—熟手—新手型教师教学策略的比较研究[J].心理发展与教育(4):70-73.

[80] 明志君,陈祉妍,2020.心理健康素养:概念、评估、干预与作用[J].心理科学进展,28(1):1-12.

[81] 潘道生.社会变革带来的心理问题[N].北京青年报,1995-06-05.

[82] 皮连生,2006.教育心理学[M].上海:上海教育出版社.

[83] 任俊,施静,马甜语,2009.Flow研究概述[J].心理科学进展(1):210-217.

[84] 任俊,叶浩生,2005.西方积极心理学运动是一场心理学革命吗?[J].心理科学进展,13(6):856-863.

[85] 任俊,叶浩生,2006.当代积极心理学运动存在的几个问题[J].心理科学进展,14(5):787-794.

[86] 任志洪,赵春晓,田凡,等,2020.中国人心理健康素养干预效果的元分析[J].心理学报,52(4):497-521.

[87] 商佳音,甘怡群,2009.主动性人格对大学毕业生职业决策自我效能的影响[J].北京大学学报(自然科学版),45(3):548-554.

[88] 申继亮,赵景欣,2006.中小学教师职业道德的现实思考[J].北京师范大学学报(社会科学版)(1):48-55.

[89] 石露洁,2021.小学新手教师职业倦怠的质性研究[D].漳州:闽南师范大学.

[90] 孙汉银,李虹,林崇德,2008.中学教师的工作满意度状况及其相关因素[J].心理与行为研究,6(4):260-265.

[91] 孙瑞琛,刘文婧,许燕,2010.不同出生年代的中国人生活满意度的变化[J].心理科学进展,18(7):1147-1154.

[92] 唐镠,兰亚佳,李健,等,2011.教师自我报告疾病分布特点及其影响

因素[J].预防医学情报杂志,27(5):355-358.

[93] 唐松林,廖锐,2015.搭建城乡交往平台促进农村教师专业发展[J].
教师教育研究,27(2):32-37.

[94] 童辉杰,2010.SCL-90量表及其常模20年变迁之研究[J].心理科
学,33(4):928-930,921.

[95] 汪海彬,陈海燕,桑青松,2013.幼儿园教师心理健康变迁的横断历史
比较[J].学前教育研究(5):42-48.

[96] 汪海彬,陈宁,陈峰,2013.中小学教师心理健康状况的横断历史研究
[J].上海教育科研(2):41-45.

[97] 汪海彬,唐晓晨,徐俊华,2015.我国高校教师心理健康水平变迁的横断历
史研究[J].重庆文理学院学报(社会科学版),34(4):133-137.

[98] 汪明帅,张帅,2020.好教师形象的百年变迁:基于课程价值观念变迁
的考察[J].教育发展研究,40(2):77-84.

[99] 王贝,陆婧晶,陆昌勤,2012.工作与家庭冲突:压力的交叉传递效应
[J].心理与行为研究,10(2):149-153.

[100] 王传金,2009.论教师职业幸福实现的要素[J].教师教育研究,21(2):
39-44.

[101] 王飞,2019.改革开放以来我国中小学教师形象的历史变迁:基于
《中国教育报》典型中小学教师事迹的报道[J].教师发展研究,3
(3):81-87.

[102] 王钢,白维,吴国来,2021.乡村教师付出-回报失衡对离职意向的
影响:有调节的中介模型[J].心理与行为研究,19(1):118-124.

[103] 王海娜,尚静,2022.一位新生代特岗教师离职意向的叙事研究[J].
武汉交通职业学院学报,24(4):86-91.

[104] 王爽,刘善槐,2021.工作特征对农村教师工作压力的影响研究:基
于工作要求—资源模型的实证分析[J].基础教育,18(6):40-50.

[105] 王艳玲,陈向明,2022.从"又红又专"到全面素养:新中国"好教师"
标准的政策变迁[J].教育学报,18(2):113-123.

[106] 王艳玲,闻正梅,张慧,2022.乡村教师离职意愿的实证分析:基于云
南省5342位乡村教师的调查[J].教师教育研究,34(5):98-107.

[107] 王莹,2016.教师的创造力内隐观、创造性教学行为与学生创造性倾
向的关系研究[D].太原:山西师范大学.

[108] 王哲雨,2018.心理健康类APP评价研究[D].武汉:华中师范大学.

[109] 魏淑华,宋广文,张大均,2013. 我国中小学教师职业认同的结构与量表[J]. 教师教育研究,25(1):55－60,75.

[110] 吴洪艳,2014. 近十二年来普通中学教师心理健康状况的元分析[J]. 内江师范学院学报,29(6):55－59.

[111] 吴洁清,董勇燕,周治金,2015. 教师创造性教学行为对中学生创造性问题解决的影响[J]. 应用心理学,21(3):281－288.

[112] 吴琼琼,郑信军,2012. 中国中小学教师职业倦怠影响因素的元分析[J]. 心理研究,5(3):85－89,96.

[113] 吴艳,戴晓阳,温忠麟,等,2010. 青少年学习倦怠量表的编制[J]. 中国临床心理学杂志,18(2):152－154.

[114] 肖桐,邬志辉,2018. 我国农村教师心理健康状况的变迁(1991—2014):一项横断历史研究[J]. 教育科学研究(8):69－77.

[115] 谢丹,赵竹青,段文杰,等,2016. 希望思维在临床与实践领域的应用、特点与启示[J]. 心理科学,39(3):741－747.

[116] 谢淑海,2016. 实习支教生教师专业身份建构过程的叙事研究[D]. 长春:东北师范大学.

[117] 辛素飞,梁鑫,盛靓,等,2021. 我国内地教师主观幸福感的变迁(2002—2019):横断历史研究的视角[J]. 心理学报,53(8):875－889.

[118] 辛素飞,赵智睿,彭海云,等,2022. 我国教师生活满意度的变迁趋势及其影响因素:基于横断历史研究的视角[J]. 教师教育研究,34(3):108－114.

[119] 辛涛,申继亮,林崇德,1998. 教师教学监控能力的结构:一个验证性的研究[J]. 心理学报,30(3):281－288.

[120] 辛自强,池丽萍,2008. 横断历史研究:以元分析考察社会变迁中的心理发展[J]. 华东师范大学学报(教育科学版),26(2):44－51.

[121] 辛自强,池丽萍,2020. 当代中国人心理健康变迁趋势[J]. 人民论坛(1):46－50.

[122] 辛自强,周正,2012. 大学生人际信任变迁的横断历史研究[J]. 心理科学进展,20(3):344－353.

[123] 徐梦杰,张民选,2021. 中小学教师性别失衡问题及对策研究[J]. 教育发展研究,41(Z2):107－115,124.

[124] 许琪,王金水,吴愈晓,2022. 理论驱动还是方法驱动?:年龄—时期—世代分析的最新进展[J]. 社会学研究,37(6):36－58,227.

[125] 严鸣,涂红伟,李骥,2011.认同理论视角下新员工组织社会化的定义及结构维度[J].心理科学进展,19(5):624 –632.

[126] 杨玲,2014.中小学教师职业认同的阶段发展论[J].教师教育研究,26(2):56 –64.

[127] 杨睿娟,申敬红,李敏,等,2019.我国中小学教师职业规范政策研究[J].北京师范大学学报(社会科学版)(1):40 –46.

[128] 杨睿娟,游旭群,2017.对付出—回报失衡理论的推进:基于经济报酬对教师心理健康的影响[J].心理学报,49(9):1184 –1194.

[129] 杨铮,王东方,马紫娟,等,2022.城市教师的睡眠障碍与职业倦怠:一项大样本横断面研究[C].第二十四届全国心理学学术会议摘要集:1716 –1717.

[130] 姚本先,2003.论教师的心理健康及自我维护[J].当代教育论坛(8):31 –33.

[131] 叶一舵,2001.心理健康标准及其研究的再认识[J].东南学术(6):169 –175.

[132] 伊师孟,丁道勇,2018.走出"人职匹配"的神话:对中国教师招募基本原理的审视[J].教育发展研究,38(6):62 –67.

[133] 衣新发,赵倩,胡卫平,等,2014.中国教师心理健康状况的横断历史研究:1994—2011[J].北京师范大学学报(社会科学版)(3):12 –22.

[134] 殷建华,2009.基于生命周期理论视角的教师专业社会化探析[J].江苏教育研究(28):13 –15.

[135] 殷玉新,2015.新教师入职适应"现实冲击"的评估框架设计与实施思考[J].教育发展研究,35(20):73 –79.

[136] 尹奎,王金招,赵景,等,2021.我国教师组织承诺变迁的横断历史元分析:2005—2019[J].教师发展研究,5(3):62 –73.

[137] 游旭群,杨睿娟,2017.中国教师职业心理健康的内涵与构成要素探讨[J].教师发展研究,1(4):69 –75.

[138] 俞国良,2022.心理健康的新诠释:幸福感视角[J].北京师范大学学报(社会科学版)(1):72 –81.

[139] 俞国良,曾盼盼,2001.论教师心理健康及其促进[J].北京师范大学学报(人文社会科学版)(1):20 –27.

[140] 俞国良,金东贤,郑建君,2010.教师心理健康评价量表的编制及现状研究[J].心理发展与教育(3):295 –301.

[141] 俞国良,辛涛,申继亮,1995.教师教学效能感:结构与影响因素的研究[J].心理学报,27(2):159-166.

[142] 俞国良,辛自强,汤鉴澄,等,1998.中小学教师教学监控能力:发展特点与相关因素[J].心理发展与教育(2):31-35.

[143] 袁承杰,唐云翔,2015.医护人员职业倦怠变迁的横断历史研究[J].中国健康心理学杂志,23(5):690-695.

[144] 张春雨,2015.职业使命感:结构、测量及其与幸福的联系[D].重庆:西南大学.

[145] 张大均,江琦,2005.教师心理素质与专业性发展[M].北京:人民教育出版社.

[146] 张晚,张晓辉,胡卫平,2018.工作角色与社会身份:教师职业认同的双重内涵及其价值审视[J].教师教育学报,5(5):22-30.

[147] 张辉蓉,谢小蓉,2022.乡村青年教师职业发展的困境与优化策略:基于人与组织匹配理论[J].教师教育学报,9(5):56-63.

[148] 张积家,陆爱桃,2008.十年来教师心理健康研究的回顾和展望[J].教育研究(1):48-55.

[149] 张景焕,金盛华,陈秀珍,2004.小学教师课堂教学设计能力发展特点及影响因素[J].心理发展与教育(1):59-63.

[150] 张丽,傅海伦,申培轩,2019.中小学教师工作困扰、消极情绪与职业幸福感的相关研究:以山东省域数据调查为例[J].当代教育科学(11):57-64.

[151] 张宁,王安然,2023.助推戒烟的行为干预策略[J].心理科学进展,31(4):684-696.

[152] 张奇勇,2014.情绪感染的发生机制及其调节模型[D].上海:上海师范大学.

[153] 张奇勇,卢家楣,2013.情绪感染的概念与发生机制[J].心理科学进展,21(9):1596-1604.

[154] 张奇勇,闫志英,2018.消极前情绪对积极情绪感染的调节:反向与降阈:以教学情境为例[J].心理学报,50(10):1131-1141.

[155] 张笑笑,项亚光,2023.个人—组织匹配对教师工作投入的影响:心理资本的中介作用[J].教育参考(3):96-103.

[156] 张学民,申继亮,林崇德,2003.小学教师课堂教学能力构成的研究[J].心理发展与教育(3):68-72.

[157] 张燕红,李永周,周勇,等,2018.关系资源视角的新员工组织社会化过程机制[J].心理科学进展,26(4):584-598.

[158] 张轶文,甘怡群,2005.中文版 Utrecht 工作投入量表(UWES)的信效度检验[J].中国临床心理学杂志,13(3):268-270.

[159] 张颖,杨付,2017.主动性人格:机制与未来走向[J].心理科学进展,25(9):1544-1551.

[160] 张忠山,2000.上海市小学教师工作满意度研究[J].上海教育科研(3):39-42.

[161] 赵敏,张绍清,万欣颖,等,2022.深圳教师职业态度10年变迁研究[J].教育导刊(7):5-17.

[162] 赵云龙,2014.中国高校教师心理健康变迁的横断历史研究:2001—2010年[J].现代预防医学,41(15):2769-2772.

[163] 赵云龙,2015.1991—2010年中小学教师心理健康状况变迁[J].现代预防医学,42(6):1049-1051,1069.

[164] 赵忠平,黄娟,2021."位不配才"还是"才不配位"?:乡村教师社会地位的自我-他者认同差异及政策启示[J].湖州师范学院学报,43(12):26-35.

[165] 郑杭生,2009.改革开放三十年:社会发展理论和社会转型理论[J].中国社会科学(2):10-19,204.

[166] 郑岚,邓成飞,李森,2017.城镇化进程中农村小学教师精神生活现状调查研究:基于四川省C市的实证分析[J].海南师范大学学报(社会科学版),30(1):110-118.

[167] 仲理峰,2007.心理资本研究评述与展望[J].心理科学进展,15(3):482-487.

[168] 周丹,2014.小学课堂师生动机感染及影响因素的质性研究[D].南京:南京师范大学.

[169] 周寰,衣新发,胡卫平,2014.初为人师的困惑与解决:实习教师"现实冲击"的理论模型构建[J].华东师范大学学报(教育科学版),32(2):67-73.

[170] 佐斌,代涛涛,温芳芳,等,2015.社会认知内容的"大二"模型[J].心理科学,38(4):1019-1023.

[171] BAKKER A B,2005. Flow among music teachers and their students:The crossover of peak experiences[J]. Journal of Vocational Behavior,66,

26 – 44.

[172] BARSADE S G,2002. The ripple effect:Emotional contagion and its influence on group behavior[J]. Administrative Science Quarterly,47,644 – 675.

[173] BECKER E S, Goetz T, Morger V, et al. , 2014. The importance of teachers' emotions and instructional behavior for their students' emotions:An experience sampling analysis[J]. Teaching and Teacher Education,43,15 – 26.

[174] BRYANT F B,VEROFF J,2007. Savoring:A new model of positive experience [M]. Mahwah,NJ:Lawrence,Erlbaum Associates.

[175] CHANNA N A,Gilal F G,Gilal N G,et al. ,2019. Association between a teacher's work passion and a student's work passion:A moderated mediation model [J]. Psychology Research and Behavior Management,12:889 – 900.

[176] CLARK W A V,YI D C,HUANG Y Q,2019. Subjective well – being in China's changing society[J]. PNAS,116(34):16799 – 16804.

[177] COOPER C L,2014. Wellbeing:A Complete Reference Guide[J]. American Cancer Society[M]. New York:Routledge.

[178] CRANT J, HU J, JIANG K F, 2017. Proactive personality:A twenty – year review. In Sharon P. , Uta B. , Eds. Proactivity at work [M]. New York:Routledge. 193 – 225.

[179] DUAN W J,BU H,2017. Randomized trial investigating of a single – session character – strength – based cognitive intervention on freshman's adaptability[J]. Research on Social Work Practice,29(1):82 – 83.

[180] FARH J L L,DOBBINS G H,CHENG B S,1991. Cultural relativity in action:A comparison of self-ratings made by Chinese and US workers [J]. Personnel Psychology,44(1):129 – 147.

[181] FAVA G A,2016. Well – being therapy:Current indications and emerging perspectives[J]. Psychotherapy and Psychosomatics,85(3):136 – 145.

[182] FILOMENA R,MARIA J M,2019. Student teachers' professional identity:A review of research contributions [J]. Educational Research Review,28,100286.

[183] FRENZEL A C, DANIELS L, BURI I, 2021. Teacher emotions in the classroom and their implications for students[J]. Educational Psychologist, 56(4):250 – 264.

[184] FRENZEL A C, GOETZ T, LÜDTKE, O, et al. ,2009. Emotional transmission in the classroom: exploring the relationship between teacher and student enjoyment[J]. Journal of Educational Psychology, 101:705 – 712.

[185] FRENZEL A C, KURZ B B, PEKRUN R, et al. ,2018. Emotion transmission in the classroom revisited: A reciprocal effects model of teacher and student enjoyment [J]. Journal of Educational Psychology, 110(5): 628 – 639.

[186] HOBFOLL S E, HALBESLEBEN J, NEVEU J P, et al. ,2018. Conservation of resources in the organizational context: The reality of resources and their consequences[J]. Annual Review of Organizational Psychology and Organizational Behavior, 5(10):1 – 26.

[187] JORM A F, 2012. Mental health literacy: Empowering the community to take action for better mental health[J]. American Psychologist, 67(3): 231 – 243.

[188] JORM A F, KORTEN A E, JACOMB P A, et al. ,1997. Mental health literacy: A survey of the public's ability to recognise mental disorders and their beliefs about the effectiveness of treatment[J]. Medical Journal of Australia, 166(4):182 – 186.

[189] KEYES C L M, SHMOTKIN D, RYFF C D, 2002. Optimising well – being: The empirical encounter of two traditions[J]. Journal of Personality and Social Psychology, 82:1007 – 1022.

[190] KORTHAGEN F A J, 2004. In search of the essence of a good teacher: Towards a more holistic approach in teacher education[J]. Teaching, Teacher Education, 20(1):77 – 97.

[191] KUTCHER S, WEI Y F, CONIGLIO C, 2016. Mental health literacy: Past, present, and future[J]. The Canadian Journal of Psychiatry, 61 (3):154 – 158.

[192] LI L M, LI W Q, WANG Y H, 2020. Self – esteem? Among Chinese cohorts: Its temporal trend and its relationships with socioecological factors [J]. European Journal of Personality, 34(2):1993 – 2016.

[193] MACHALI I, WIBOWO A, MURFI A, et al. ,2021. From teachers to students creativity? The mediating role of entrepreneurial education[J]. Cogent Education,8(1):10. 1080/2331186X. 2021. 1943151.

[194] MARTÍNEZ – MART M L,RUCH W,2014. Character strengths and well – being across the life span:Data from a representative sample of German – speaking adults living in Switzerland[J]. Frontiers in Psychology, 5(5):1253.

[195] MASLACH C,SCHAUFELI W B,LEITER M P,2001. Job burnout[J]. Annual Review of Psychology,52(1):397 –422.

[196] MAUSS I B,SAVINO N S,ANDERSON C L,et al. ,2012. The pursuit of happiness can be lonely[J]. Emotion,12,908 –912.

[197] MOSKOWITZ S, DEWewaele J M, 2021. Is teacher happiness contagious? A study of the link between perceptions of language teacher happiness and student attitudes[J]. Innovation in Language Learning and Teaching,15(2):117 –130.

[198] NOAR S M, BENAC C N, HARRIS M S, 2007. Does tailoring matter? Meta – analytic review of tailored print health behavior change interventions[J]. Psychological Bulletin,133(4):673 –693.

[199] NUTBEAM D,2000. Health literacy as a public health goal:A challenge for contemporary health education and communication strategies into the 21st century[J]. Health Promotion International,15:259 –267.

[200] O'CONNORM C C,2014. Measuring mental health literacy – a review of scale – based measure[J]. Mental Health,23(4):197 –204.

[201] OBERLE E,SCHONERT – REICHL K A,2016. Stress contagion in the classroom? The link between classroom teacher burnout and morning cortisol in elementary school students[J]. Social Science,Medicine,159 (C):30 –37.

[202] PARKS A C, BISWAS – DIENER R, 2013. Positive intervention:Past, present,future[M]. In KASHDAN T B,CIARROCHI J V,Eds. ,Mindfulness, acceptance, and positive psychology:The seven foundations of well – being,140 – 165. Oakland,CA:New Harbinger publications.

[203] PEKRUN R, 2000. A social – cognitive, control – value theory of achievement emotions. In Heckhausen J. ,Ed. Motivational psychology of

human development: Developing motivation and motivating development [M]. 143 - 163. NY: Elsevier Science.

[204] PEKRUN R, STEPHENS E J, 2012. Academic emotions. In Harris K. R. , Graham S. , Urdan T. , et al. , Eds. Individual differences and cultural and contextual factors[M], 3 - 31. Washington: American Psychological Association

[205] PERRY R P, HLADKYJ S, PEKRUN R H, et al. , 2001. Academic control and action control in the achievement of college students: A longitudinal field study[J]. Journal of Educational Psychology, 93, 776 - 789.

[206] RYFF C D, 1989. Happiness is everything, or is it? Explorations on the meaning of psychological well - being[J]. Journal of Personality and Social Psychology, 57(6): 1069 - 1081.

[207] SAVICKAS M L, 2005. Career construction theory and practice[M]. In S. BROWN AND R. LENT(Eds.) , Career development and counseling: Putting theory and research to work: 147 - 183.

[208] SELIGMAN M E p, 2018. Positive psychology: A personal history[J]. Annual Review of Clinical Psychology, 15(1): 1 - 23.

[209] SELIGMAN M E P, TAYYAB R, ACACIA C P et al. , 2006. Positive Psychotherapy[J]. American Psychologist, 61(8): 772 - 788.

[210] SELIGMAN M, STEEN T, PARK N, et al. , 2005, Positive psychology progress[J]. American Psychologist, 60(5): 410 - 421

[211] STEFANOU C R, PERENCEVICH K C, DICINTIO M, et al. , 2004. Supporting autonomy in the classroom: Ways teachers encourage student decision making and ownership[J]. Educational Psychologist, 39, 97 - 110.

[212] TAM K, POON C, HUI V, et al. , 2020. Boredom begets boredom: An experience sampling study on the impact of teacher boredom on student boredom and motivation[J]. British Journal of Educational Psychology, 90(s1): 124 - 137.

[213] THERESA M G, MICHAEL J T, 2004. Emotional labor: A conceptualization and scale development[J]. Journal of Vocational Behavior, 64(1): 1 - 23.

[214] TIMS M, BAKKER A B, DERKS D, 2012. Development and validation of the job crafting scale [J]. Journal of Vocational Behavior, 80(1): 173 - 186.

［215］TWENGE J M,CAMPBELL W K,2001. Age and birth cohort differences in self – esteem:A cross – temporal meta – analysis[J]. Personality and Social Psychology Review,4(5):321 – 344.

［216］VAN d Z,DENESSEN E J,SCHOLTE R H,2015. The effects of general interpersonal and bullying – specific teacher behaviors on pupils' bullying behaviors at school[J]. School Psychology International,36(5):467 – 481.

［217］WALBURG V,2014. Burnout among high school students:A literature review[J]. Children and Youth Services Review,42(C):28 – 33.

［218］WEI Y,MCGRATH P J,HAYDEN J,2015. Mental health literacy measures evaluating knowledge, attitudes and help – seeking:A scoping review[J]. BMC psychiatry,15(1):291 – 311.

［219］WESTMAN M,2001. Stress and strain crossover[J]. Human Relations, 54,717 – 751.

［220］WILD T C,ENZLE M E,HAWKINS W L,1992. Effects of perceived extrinsic versus intrinsic teacher motivation on student reactions to skill acquisition[J]. Personality and Social Psychology Bulletin,18,245 – 251.

［221］WILD T C,ENZLE M E,NIX G,et al.,1997. Perceiving others as intrinsically or extrinsically motivated:Effects on expectancy formation and task engagement[J]. Personality and Social Psychology Bulletin,23, 837 – 848.

［222］XIE Q,KING R B,CAI Y,2022. Emotional contagion:A cross – cultural exploration of how teachers' enjoyment facilitates achievement via students' enjoyment[J]. Current Psychology,42(18):15907 – 15910.

［223］YIN H,HUANG S,CHEN G,2019. The relationships between teachers' emotional labor and their burnout and satisfaction:A meta – analytic review[J]. Educational Research Review,28:100283.

后　记

　　幸福与健康一直是人类孜孜不倦的追求。百年大计,教育为本,教育大计,教师为本,教师职业心理健康对教师、学生乃至整个国家和民族的重要意义不言而喻。对于教师来讲,教师职业心理健康是他们从事教育教学工作、创造美好幸福生活的前提;对于学生来讲,教师肩负着传承文化、塑造灵魂的职责,教师职业心理健康是学生身心健康发展的保障。

　　本书基于职业健康心理学视角并汲取了积极心理学、组织行为学等学科的理论,对教师职业心理健康的现状和变迁、心理健康素养、心理和行为的感染效应及职业心理健康的促进等关键问题进行了系统的理论探索和实证研究,对维护和促进教师职业心理健康具有一定的理论意义和实践价值。

　　在撰写过程中,参阅了许多国内外学者的相关研究成果,在此对他们表示衷心的感谢。本书得到了湖南省哲学社会科学基金(17YBA104)资助,同时也得到了湖南第一师范学院教育学院、陕西师范大学心理学院的大力支持,谨此致谢。在撰写和出版过程中,陕西师范大学游旭群教授给予了大量的帮助,在此特表谢意。

黄　杰

2023 年 10 月